KB190372

사색의 시간 2

삶과 죽음에 관한 생생진담 生生眞談

박 하 성

삶과 죽음에 관한 생생진담

– 사색의 시간 2

펴낸날 2025년 2월 28일

지은이 박하성
펴낸이 주계수 | **편집책임** 이슬기 | **꾸민이** 최송아

펴낸곳 밥북 | **출판등록** 제 2014-000085 호
주소 서울특별시 마포구 양화로 156 LG팰리스빌딩 917호
전화 02-6925-0370 | **팩스** 02-6925-0380
홈페이지 www.bobbook.co.kr | **이메일** bobbook@hanmail.net

© 박하성, 2025.
ISBN 979-11-7223-065-4 (03190)

"항상 절망의 시간, 마지막 순간에 출구가 보인다."

- 마젤란(1480-1521) -

"그러기에 시도를 포기하는 순간, 당신만 손해다.

희망을 포기한다면 더 이상 저 넓은 태평양으로 나아갈 수 없다."

- 강철 박하성 -

추천사

〈삶과 죽음에 관한 생생진담〉은 젊은 시절 한국에서 부동산 시행 사업의 성공과 해외에서 사업 실패 후, 천신만고 끝에 다시 한국에서 재기하여 인생의 성공 가도를 달려가고 있는 박하성 대표의 파란만장하고 역동적인 인생의 서사시가 담겨 있다. 이 책은 그의 감동적이고 전투적인 자전적 에세이라고 할 수 있다.

20년 전부터 인연이 있는 박하성 대표는 역동적이고 활력 넘치며 유머러스한 모습으로 언제나 만나는 이들에게 위로와 즐거움을 선사하는 에너자이저이다.

이 책은 삶과 죽음, 만남과 이별, 사업 이야기 등이 교차하면서 만약 내가 영화감독이라면 영화로 만들고 싶을 만큼 스팩타클하며 솔직하다. 다양한 분야의 생생한 체험에 기반한, 삶과 죽음을 넘나든 흥미로운 줄거리는 독자들에게 큰 감동을 전달할 것이라 확신한다.

인생에서 실패를 경험하여 삶을 포기하고 싶을 정도로 의기소침한 모든 청춘과 좌절을 경험한 40~50대 중장년층 그리고 실패 경험 후 성공적 재기를 꿈꾸는 이들에게 자신감 회복과 실패를 극복할 방법을 진솔하고 극적인 인생의 이야기로 담은 이 책을 권한다.

2025. 2. 5.

- 강원도 정선에서, 도완녀(첼리스트,민속학 박사)

2024년 10월 어느날 〈삶과 죽음에 관한 생생진담〉 집필 중 필자는 추천사를 부탁드린 故김수미 회장님의 갑작스런 영원한 이별 소식에 허망함을 느끼며 슬픔을 금할 수가 없었다. 삶과 죽음의 비담이란 주제를 사색하던 저자는 갑작스런 죽음 앞에 다시 한번 하늘을 향한 원망을 표하지 않을 수 없다. 추천사는 회장님의 절친인 챌리스트이자 민속학 박사인 EEP 5기 동기 도완녀 박사님께 부탁드렸음을 밝힌다.

- 한양대학원 EEP 5기, 초대 회장 강철 박하성

작가의 말

인간이란 무엇인가?

나는 누구인가?

죽음이란 무엇인가?

궁금하면서도 정해진 답이 없는 질문들이다.

필자는 2024년 여름에 '인간이란 무엇인가? 나는 누구인가?'라는 주제를 가지고 동서양 철학자들의 견해를 논평한 책 〈사색의 시간〉을 출판하였다. 그러나 풀리지 않는 수수께끼 같은 문제가 항상 머릿속에 맴돌았다. '인간은 왜 죽는가?, 죽음이란 무엇인가?'에 대한 근본적 의문이 들지만, 그것은 답이 없는 질문으로 다시 되돌아 왔다.

'태어나서 죽음을 향해 달려가는 나 같은 존재의 인간은 무슨 의미가 있을까? 그리고 이 문제의 답을 구하기 위해서는 어떻게 접근해야 하는가? 그리고 어차피 죽을 운명인데 꼭 살아야 할 이유는 있는가?'에 대한 해결책을 구하기 위한 고민과 사색의 결과로, 이번에 이 책 〈삶과 죽음에 관한 생생진담〉을 출판하게 되었다.

이번에 출간하는 〈삶과 죽음에 관한 생생진담〉은 죽음을 논하지 않고는, 인간은 자신의 주어진 삶을 편안하고 행복하게 마무리할 수 없다는 결론이다. 왜냐하면 삶과 죽음은 동전의 양면처럼 연결되어 있기 때문이다. 이 책을 출간하면서 '나는 누구인가?'라는 문제가 결국은 나의 죽음과 밀접한 관계임을 깨달았다. 나의 견해로는 다음과 같은 이유로 죽음은 나의 존재 이유이기도 하다.

즉 필자는 이 방대한 은하 속 우주의 점보다도 작은 지구에서도 한반도에 태어났는데, 왜 태어났는가? 고민해 봐야 그 이유를 알 수는 없지만, 한 가지 분명한 사실은, 나의 할아버지(함양박씨), 할머니(인동장씨), 증조할머니(청주한씨) 아버지 박씨, 어머니(우봉이씨), 외할아버지(우봉이씨, 104세 작고), 외할머니(현풍곽씨)가 있었기에 내가 이 세상에 태어나 존재하게 되었다는 것이다. 나의 몸과 나의 사고체계는 내가 확인한 것만으로도 박씨, 한씨, 장씨, 이씨, 곽씨 등의 DNA가 섞여 있는 것이다.

그런데 나의 조상들의 DNA뿐만이 아니라 어릴 적 기억을 더듬어 보면 그분들의 표정, 웃음, 화내는 모습, 언행, 걸음걸이 습관 등 모든 행동과 표정, 사고체계가 나의 몸과 머릿속에 고스란히 녹아 있음을 발견하게 된다. 물론 이분들 중 대부분은 돌아가셨다. 그러나 나의 머릿속에서는 생전에 함께한 시간들이 추억과 기억들이 생생히 살아계신다. 필자는 요즘 이순(耳順)의 나이에 글쓰기, 독서, 간단한 체조, 걷기운동을 좋아한다.

요즘 사색의 시간을 가지고 고요한 새벽 일어나 조용히 생각해보면, 어릴 적 경험한 나의 조부는 목수였고 손재주가 좋으셨다. 지금의 나도 목공일과 만드는 일을 좋아하며, 손이 남들보다 조금은 빠르다. 손재주가 있다고 한다. 나의 조모는 말을 잘하시고 배포가 있었다. 그리고 피부가 좋으셨다. 그리고 깔끔하신 성격이었다. 그리고 짜장면, 라면을 못 드시고 우동, 칼국수 등을 좋아하셨다. 어릴 적 기억에 동네 분들은 조모가 남자로 태어났다면 국회의원 한자리했을 거라는 말을 했다.

나의 어머니는 생존해 계시는데, 어머니께서는 꽃 키우는 것, 글 쓰는 것을 좋아하신다. 매일 저녁 7시에 일기를 쓰시는데, 치매 방지한다면서 벌써 7년째 쓰신다. 농사일을 평생 하시지만 심미적 감정이 풍부하며 미적 감각이 있다. 나도 글 쓰고 화초 가꾸는 것을 좋아한다. 나의 부친은 초등학교를 일본에서 태어나 졸업하시고, 6·25사변 때는 전남 신안 비금도에서 피난을 하셔서 비금초등학교에 다녔다고 하신다. 그러나 한문에 조예가 깊으시고, 법 없이도 사는 선비 같은 사람이란 말을 많이 들었다. 이런 모습들이 나에게 고스란히 녹아 있음을 보면 조상님들은 육체는 사라졌어도 정신은 사라진 것이 아니고, 조상님들의 정신과 재주가 나에게 생생히 전달되어 살아 있음을 알 수 있다.

이렇듯 우리 인간은 육체적으로는 죽었지만, 조상들의 정신과 사고는 DNA와 기억을 통해서 후손들에게 온전히 살아서 작동한다. '콩 심은 데 콩 나고 팥 심은 데 팥 난다'는 속담도 있지만, 현대사회에서도 마찬가지다. 의사 집안에 의사 자손이 많고, 법조계 집안에 법조인이 많고, 군인 집안에 군인 자손이 많으며, 목수 집안에 목수가 많고, 연예인 집안에 연예인들이 많은 이치와 같다고나 할까? 결론적으로 죽음은 끝남, 멸망, 無가 아니라, 우주 공간의 한 부분인 이 지구에서 인간이 시공간을 극복하며 영원히 문화유산을 전달하고 영원히 살아가기 위한 하나의 방법은 아니었을까? 하는 생각이 든다.

소년 시절 죽음의 기억들을 회상해보면서 인간이 죽음을 인식하는 것은 학자들의 연구에 의하면 5세 정도부터라고 한다는 말을 들은 기억이 난다. 필자는 충청도 시골 마을에 태어나서 그곳에서 고등학교를 마칠 때까지 살았다. 나의 고향인 忠北 永同郡 深川面 마을 앞으로는 깊고 맑은 상류의 금강이 흘렀다. 그곳에서 소년 시절 목이 마르면 손으로 물을 떠서 마신 기억이 난다. 그때의 나이는 8~9세 정도였다. 집안의 암소 한 마리를 매일 풀을 먹이던 시절이다. 어느 무더운 여름날에 마을 앞 강가에서 손으로 물을 떠 마시던 기억이 난다. 그때의 신선한 물맛은 지금도 기억이 난다. 그때 나의 옆에서 친척 어르신이 물을 마시다, 손으로 피라미 한 마리를 잡아서 배를 따고 바로 먹는 모습이 보였다. 그때는 징그럽고 무서운 생각도 들었다.

바로 근처에는 경부선 간이역이 있었다. 시골 역장 아저씨는 대전에서 출퇴근하는 대머리에 살이 찐 모습이었다. 어느 날 직업이 산지기 하는 분이 급히 포대를 가지고 지게를 진 모습으로 역장 아저씨를 찾아온다. 우리는 그때 우연히 기차역에 놀러 갔다가 그 모습을 보았다. 산지기 아저씨가 말했다.

"형님! 내가 구렁이 한 마리를 잡았는데 이 뱀이 두꺼비를 한 마리 잡아먹을 때까지 기다렸다가 잡아서 형님에게 가지고 왔습니다. 이 마을에서 이걸 살 사람은 형님뿐이라서…"

산지기 아저씨의 흥정에 역장 아저씨의 군침을 흘리는 모습이 생생하게 기억난다.

그때 필자는 어린 마음에 불룩한 구렁이 배속의 두꺼비도 불쌍해 보였고 구렁이도 무섭고 불쌍해 보였다. 삶은 적자생존, 약육강식이란 진화론은 고등학교에서 배웠다. 그러니 당시에도 지금도 죽음에 대해서 배운 것은 아

삶과 죽음에 관한 생생진담

무엇도 없다. 죽음이란 단어는 그렇게 우리의 기억 속에서 논의되고 사고된 적은 없는 듯하다. 매일 일상에서 죽는다는 것이 무엇인지는 보면서 알고는 있는데, 논의하고 생각한 적은 없으며 죽음에 대해서는 그냥 모든 사람들이 논의를 회피하며 금기시했다고 본다. 닭을 잡을 때 시골에서는 목을 비틀어 고무신으로 밟고 잡는 모습 등은 소년 시절 닭고기를 먹기 위해 자주 보던 모습들이다. 죽고 사는 것은 일상의 모습이었지만 대부분의 사람들에게 죽음은 무섭고 두려운 것으로 다가온다.

어릴 때 이런 기억은 50년이 흐른 지금 나에게 무엇을 의미할까?

그때 강물을 마시며 우연히 들은 말이 기억난다. 한 친구가 "야! 친구들아. 내가 어제 텔레비전에서 보았는데 20년 후에는 이 물을 돈을 주고 사서 먹을 시대가 온다고 하더라." 그 말에 우리는 그럴 일 없다고 서로 떠들던 기억이 난다. 그러나 지금 이 말은 현실이 되었다. 또한 지금은 개고기 식용을 법으로 금지하고 있지만, 이전에는 그렇지 않아서 여름이면 잔인하게 개 잡는 모습들이 자주 목격되었다. 이러한 경험들이 한국인들의 의식에 죽음을 무섭고 두려운 것으로 각인시키지는 않았을까?

사람과 동물의 죽음에는 당연히 많은 차이점이 있다. 그러나 우주적 시각과 자연 생태계의 전체적 시각에서 본다면 논의는 달라질 수도 있다. 동양적 시각에서는 더욱 그렇게 보인다. 生, 노화, 죽음 등에 관한 다양한 동서양 사상가들의 견해, 즉 그리스 자연 철학자들, 소크라테스, 플라톤, 중국의 유학자와 도교, 공자, 장자 등의 죽음관, 유대교와 예수, 석가모니와 힌두교, 그리고 우리나라의 샤머니즘, 불교, 유교, 기독교 등의 종교적 시각 등을 살펴보는 것은 방대한 작업이기도 하지만 그 주장을 이해하는 것만으로도 나의 죽음에 대한 관점은 명확해질 수 있다.

이런 작업의 기회를 통하여, 우리는 나 자신과 개인의 죽음에 관하여 확고한 죽음관을 정립하는 것이 필요해 보인다. 왜냐하면 우리는 모두 영원히 죽지 않고 살 수 없기 때문이다. 또한 가족, 친구 등 인간관계를 맺은 누군가와도 인간은 필연적으로 영원한 이별을 해야 하기 때문에 우리는 항상 죽음의 이별을 준비해야 하지 않을까? 어차피 한 번뿐인 영원한 이별인 죽음 앞에서 장자가 말했듯이 항상 울면서 헤어지기보다는 '춤추고 노래하며 이별을 고하는 법'도 고려할 시기가 된 것 같다.

이건희 회장이 저승에 갔는데, 입구에 짜장면집에서 주머니를 살펴보니 사 먹을 돈이 없어 고민하는데, 마침 정주영 회장을 만났다. 돈 만원을 빌려달라 부탁했더니 정주영 회장은 '이봐! 나도 깜박하고 돈을 놓고 왔는데, 자네는 나보다 젊은데 왜 깜박했나?' 하면서 혹 삼성카드 없냐고 했다는 유머가 있다. 즐거운 마음으로 죽음을 준비해 보자. 이는 살아 있는 모든 사람들의 의무이자 권리이다. 슬픔보다는 즐거운 마음으로 죽음에 대한 담론을 시작한다.

작년 여름 〈사색의 시간〉에 이어서 〈삶과 죽음에 관한 생생진담〉을 출판하기까지 많은 분의 격려와 도움에 감사의 마음을 전하고자 한다. 서울대 윤리교육과 죽음학 석박사과정에서 죽음학 강의를 하신 김병환 교수님과 동문, 후배들에게 먼저 감사의 마음을 전하고자 한다. 많은 영감과 아이디어를 얻었음을 밝힌다. 또한 지난가을 어느 날 우연히 강연의 기회를 마련하여 주신 강릉영동대학교 김노연 교수님과 간호학과 학생들에게도 고마운 마음을 전한다. 생명과 죽음의 주제를 가지고 본인을 초빙하여 강연과 토론의 자리를 마련하여 어렵게 느껴졌던 죽음의 문제를 논할 기회를 제공하여 주셨으며, 많은 영감을 받았다.

2025. 2.

강릉 오죽헌 뒷마을 문성골에서

江哲 박하성

차례

1장

죽음 논의의 출발점

1장 죽음 논의의 출발점

우리는 이 세상에 본인의 의지와는 상관없이 태어난다. 모든 인간은 아무런 계획과 의지 없이 우연히 태어나서, 인간으로 성장하며 주체적 인간, 자주적 인간으로 활동하려고 노력하다가, 어느 순간 운명적으로 죽음을 맞이한다. 이 과정을 간단히 말하면 '인간은 태어났다가 반드시 죽는다'는 사실이다. 지구상에서 사라진다는 것은 정해진 운명 같은 것이다. 그리고 그 운명은 누가 정한 것인지 아무도 모른다는 것이며 그것이 죽음인 것이다.

여기서 우리는 인간의 나약함과 허무함을 느낄 수도 있다. 하지만 인간은 지구상에 수십만 년간 생존해 오면서 만물의 영장으로 활동하며 오늘의 거대한 문명을 이룩하며 생존해 왔다. 인간은 죽지만 수십만 년간 후손을 통하여 대를 이어 문화유산을 생산 전달하면서 죽음의 한계를 극복했다고도 볼 수 있다. 인간은 태어나면서 죽음으로 향한다는 한계를 가지고 있기에 죽음은 불안하고 두려운 것으로 지금까지 인식되어 왔다.

그러나 죽음의 한계를 받아들이고 죽음의 본질을 자각한다면 죽음은 두렵고 불안한 것이 아닐 수도 있다. 자연의 순리를 깨닫고 관찰하면 죽음은 자연스러운 현상이란 것을 쉽게 이해할 수도 있다.

이 책에서는 죽음과 관련한 동서양의 철학자·사상가, 종교인들의 견해를 알아보고 현재 우리가 당면한 죽음에 대한 인식을 개선하는 데 도움을 얻고자 하는 관점에서 출발한다.

죽음에 대한 본인의 견해, 관점이 없다면 항상 죽음은 두려운 존재일 수가 있다. 죽음에 대한 사고가 깊어지고 다양해질수록 죽음은 삶의 마지막 과정임을 쉽게 알 수가 있다. 하지만 갑자기 다가오는 죽음은 항상 두렵다. 항공기 사고와 같은 뉴스를 이따금 접하면 더욱 그러하다.

그래서 우리는 죽음에 대하여 가능한 한 빨리 인식하고, 평소 다양한 경험과 독서와 토론을 통하여 죽음에 대한 본인의 사고를 정립한다면 다가오는 죽음이 두렵지 않으리라 확신한다.

한 번뿐인 인생, 멋지게 살기를 모두가 바란다. 앞으로는 멋지게 살고 멋지게 아름답게 죽음을 맞이하려는 자세로 삶을 살아간다면 후회 없는 삶이라 여겨진다.

아직은 생소한 학문 분야인 죽음학은 우리 인간 모두의 문제이기에 오늘을 살아가는 모든 인간 남녀노소 모두에게 필수교양 학문으로 자주 토론되고 논의되어야 할 중요한 분야라 생각된다.

고대 그리스 플라톤도 80평생을 살면서 지금까지 살아오면서 한 공부는 죽음에 관한 생각이라고 말하였다. 예수도 33세에 십자가에 매달려 '주여 나를 버리시나이까?' 고백한다. 모든 인간은 태어날 때 응애하고 첫소리를 내며 허파에 점기를 하며 태어난다. 그리고 어느 날, 모든 인간은 불을 끄고 취침하듯이 허파에 소기하고 영원한 휴식의 상태로 간다. 이것이 인간의 생과 사의 모습이다.

어느 가을날 강원도 강릉영동대학교에서 간호학과 2년생을 대상으로 삶과 죽음에 대해 특강을 한 적이 있다.

대부분의 젊은 여자 대학생들은 죽음에 대해 생각해본 적이 없다고 대답한다. 요즘 젊은이들의 시대적 환경이 이전 세대와 많이 다르기도 하지만 아직 나의 삶도 불안하고 힘든데, 어찌 나중의 죽음을 생각하겠느냐 하는 반응이다. 인간은, 청춘은 죽음에 대해 생각하기엔 '난 아직 너무 어리니까'라고 생각하다가 어느 날 갑자기 몸이 죽도록 아픈 경험을 하고 나면 갑자기 죽을지도 모른다는 생각을 하게 된다. '죽도록 고생하다', '죽도록 힘들었다', '아파서, 배고파서, 추워서, 죽을 것만 같았다' 등등 우리가 사용하는 죽음이란 단어는 힘들고, 아프고, 부정적 의미가 많이 포함되어 있다. 그러나 삶과 죽음은 인간이 동시에 간직한 운명이다.

인간으로 태어날 때 왜 태어나는지, 어디서 와서 태어나는지, 인간 본인의 의지와 상관없이 삶은 우연히 주어진다. 우리는 이 세상에 태어날 때, 우연히 나의 의지와는 상관없이 던져진다. 그것은 정말 운명론적으로 이 세상에 오는 것이다. 그러나 성장하며 교육을 받고 성인이 된 후에는 본인의 의지대로 삶을 살 수 있다. 그래서 죽을 때는 태어날 때와는 다른 선택을 할 수도 있다. 삶과 죽음은 인생의 한 과정이고 부분이지만 이 점에서 선택을 할 수가 있다는 차이가 있다.

우리는 현대사회 속에서 바쁘게 살면서 나와 죽음을 잊어버리고 사는 경향이 매우 강하다. 언젠가는 반드시 죽는다는 사실을 망각한다. 그러나 주변에서 돌아가시는 사람들을 보거나 들으면서 잠시 나의 존재 나의 죽음을 떠올리는 경향이 있다. 주희가 그 옛날 주자가례를 저술하며 부모가 돌아가실 때, 장례절차·제사 등에 대해 상세히 서술하였다. 당시 인간이 살아갈 유교 공동체를 향한 인간의 행동지침 설계도였다

인간이 동물과 다르기에 그 모든 절차를 예로써 인간다운 모습들을 설명하였다. 지금 생각하면 참으로 대단한 일이다.

현재 우리는 삶 속에 매몰되어 앞만 보고 달리는 경주마처럼 살고 있다.

대부분 인간은 반드시 죽음을 경험한다. 결론적으로 우리는 항상 죽음에 대하여 평소, 깊게 사고하고, 넓게 토론하며 다양한 경험을 공유하는 준비를 하면 할수록 죽음은 더욱 편안하게 다가오는 주제라는 사실이다.

구사일생(九死一生)한 죽음 경험담

2장 구사일생(九死一生)한 죽음 경험담

대부분 인간의 죽음 경험담은 운이 좋은 경우의 이야기이다. 죽지 않고 살아 있기에 경험담이 가능하다. 사고사로 본인이 죽을 경우에는 죽음 경험담을 전해줄 수 없기 때문이다.

우리는 죽음을 피할 수 있는가? 나는 내가 태어난 것도 나의 선택이 아닌 수동적으로 태어났다고 한다면, 인간의 탄생과 죽음은 개인의 선택 문제는 아닌 것으로 보인다. 운명적이랄까? 누가 결정하는가? 궁금하다. 그러나 어찌 됐든 죽음에 대한 일반적 논의에 앞서 우리는 모두 개인적으로 삶을 살아가며 한두 번 이상 본인이 알게 모르게, 죽을 고비를 경험한다. 죽음은 항상 우리 주변에 깔렸다고나 할까? 다행히 우리는 죽음을 피해가며 지금까지 살아 있기에, 이런 이야기를 논할 수 있는 것이고, 이는 개인의 운명과도 관련이 있어 보인다.

나는 이 세상에 태어나 공자가 말한 이순(耳順)의 나이를 살아오면서 경험한, 죽음과 연관된 본인의 생생한 삶의 경험을 말하고자 한다. 모든 독자도 이런 숨겨진 경험들이 있을 것이고, 이런 경험의 상호 공유는 죽음에 대한 담론에 접근하는 쉽고 진솔한 방법이 될 것이다.

한 가지 조심스러운 것은 개인이 경험한 죽음 논의와 관련하여, 개인의 종교적, 샤머니즘적 시각에서 보는 것은 배제되어야 논의할 수 있다는 점이다. 순수하게 죽음을 바라보자는 것이다. 다시 말해 나는 이런 죽음 경험을 했다. 당신이 경험한 것은? 등등 공유해 본다면, 우리는 어떤 존재이고 나는 누구이고, 나는 어떻게 살아야 하며 등의 자연스러운 논의로 확장되고 범위가 넓어진다는 점이다. 오직 개인이 자라면서 경험한 개인적 죽음 경험의 상황들을 공유해 보면서, 거기서 느껴지는 죽음에 대한 생각들을 논의해 보자는 것이다.

1. 나는 하마터면 이 세상에 존재할 수 없는 존재였다

필자는 지난가을 한 달에 한 번 정도 가는 고향을 방문했다. 오랜만에 어머니(82세)와 아버지(86세)와 함께 저녁 식사를 마치고, 시골집 거실에서 누워 도란도란 옛이야기를 나누며 잠을 잔 추억이 있다. 옛날 어릴 적 이야기들이 소록소록 아련히 들려왔다. 정말 오랜만에 부모님과의 동침에서 나는 모친으로부터 처음으로, 내가 하마터면 이 세상에 태어나지 못할 과거의 이야기와 죽을뻔한 이야기를 들었다.

그 이야기는 다음과 같다.

나의 조부는 4살에 조실부모하고 17세 나이에 일본으로 건너가 그곳에서 중매로 한국에서 건너온 조모를 만나 결혼을 하시고 부친, 고모 2명을 키우시다가 해방을 맞이하셨다. 호적등본에 의하면 후쿠오카 팔반시이다.

1945년 일제 패망으로 조선이 광복되자 그곳에서 이층집과 운영하던 정미소를 포기하고 고향으로 귀국하기 위해서 항구에서 일가족과 친척 등 15명이 연락선을 타려고 기다렸단다.

그런데 운 좋게 2번째 배를 타게 되었는데 먼저 간 배가 대한해협에서 일제의 계략으로 폭파되어 전원 사망하였다. 나의 조부와 가족은 구사일생으로 목숨을 건진 것이다. 그리고 이 사건은 그 후 계속 침묵 속에 은폐되다가 2024년 일본 정부의 자료공개에 따라 사실로 확인되고 사망자 명단까지 일본 정부에 의해 발표되었다.

그 당시에 나는 태어나기 20년 전이다. 당시 초등생 부친의 몸속에 있었다고 해야 하는가? 아니면 나는 어디에 있었을까 생각해보면 삶과 죽음의 의미가 다르게 다가옴을 알 수 있다.

간신히 귀국한 나의 조부와 가족들은 고향에 돌아와 정착한 지 5년 만에 동족상잔의 비극인 6·25전쟁을 맞이하여 피난길에 오른다. 당시 조부의 사촌 친척이 강경경찰서 서장으로 근무했기에 그곳으로 영동에서 걸어서 피난을 갔다고 한다. 그런데 얼마후 강경에 북한 인민군이 와서 전투가 치열하게 벌어지면서 친척 서장님은 부상을 당하여 민가로 피하였는데, 인민군에 체포되어 돌아가셨다고 한다. 나의 조부와 가족은 졸지에 경찰가족으로 몰려 위험해져서 멀리 목포 앞 비금도로 피난하여 그곳에서 3년간 피난살이를 하셨다. 지금도 부친은 비금초등학교에 수령하지 못한 본인의 초등학교 졸업장이 있다고 하시며, 찾으러 가야 한다고 이따금 말씀하신다.

2019년 부친과 가족들은 일제 강점기 태어나 자랐던 일본의 복강현 팔반

시, 즉 후쿠오카를 방문하셨다. 그러나 국내 비금도는 못 가고 있다. 6·25
전쟁 기간은 나에게 어떤 의미로 다가오는가? 내가 태어나기 10년 전이다.
나의 어머니도 정해지지 이 세상에 없는 시기이다. 부모님이 1962년 결혼하
여 내가 1964년 태어났으니, 나는 그때만 하더라도 출생이 정해지지 않은
없는 존재가 아니었던가? 전쟁의 와중에 죽을 수도 있었던 존재였다. 삶과
죽음은 이렇게 우리 모든 인간의 운명을 아슬아슬하게 만들어 가는지 자
못 궁금하지 않을 수 없다.

2. 엄마 등에서 업혀 자다가 죽을 뻔하다

이런 아슬아슬한 과정속에서 태어난 필자는 어머니의 그날 밤 증언에 의
하면 아기 때 또다시, 나도 모르는 죽음의 위기를 마주했다고 한다.

지금의 고향집은 2층 현대식 가옥이지만, 50여 년 전에는 초가집에 살았
던 기억이 난다. 그 집은 돌아가신 할아버지께서 손수 흙과 소나무로 지은
집이었다. 당시에는 황토를 이용하여 벽돌을 만들어서 말려서 담을 치고 사
용하는 것이 일반적이었다. 내가 태어나서 2살이 되었을 때 나는 엄마 등에
업혀서 잠을 자고 있었고 엄마는 부엌에서 아궁이에 불을 지피며 가마솥에
점심을 준비 중이었다고 한다. 내 등 뒤에는 조부가 만들어 놓은 황토 흙벽
돌 몇백 장을 말리려고 빈 곳에 차곡차곡 싸놓고 건조 중이었다. 조금 시간
이 지나고, 부엌의 열기 때문이었는지, 나는 잠에서 깨어나 울기 시작했고,
마침 어머니도 소변이 마려워 부엌문을 나오는데 갑자기 부엌에 쌓아 놓은

흙벽돌이 무너지는 일이 벌어졌다. 그 흙벽돌이 건조되면서 균열이 생겨서 마침내 담벼락 무너지듯 무너진 것이다. 그 장소에서 계속 있었다면 나는 이 세상 사람이 아니었을 수도 있었다. 순간의 이동이 죽음을 피한 것이다. 이는 무슨 운명의 장난이었는가? 이러한 사실을 듣고 운명을 생각해본다. 사실 나는 그때 일이 기억에 없다. 어머니가 '너는 어디 가도 살 운명'이라고 힘을 주어 말하며 그날 밤 우리의 대화는 마무리되었다.

3. 산딸기와 독사

초등학교 5학년 때의 경험이다. 당시 시골 초등학교들은 학생들이 운동장에 가득하였다. 시골이었지만 한 학년 한 반에 60명 정도의 학생들이 있는 남녀 공학이었다. 5학년이 되어 나의 옆 단짝 여학생은 짝꿍이 된 지 며칠 후 1주일간, 학교에 나오지 않았다. 당시에는 전화도 마을에 한대 정도여서 소식도 느렸다. 며칠 후 소문에 의하면, 그녀는 방과 후 산딸기를 따 먹다가 뱀에게 물려서 치료도 받지 못하고 죽었다는 소식이었다. 이 사건은 알게 모르게 나의 어린 뇌리에 트라우마로 남았다.

그녀는 학교에서 걸어서 1시간 정도 떨어진 핏골이라는 산골 마을에 살았기에 우리는 조문도 방문도 못 하고, 담임선생님도 20대 초보 교사여서, 그냥 조용히 우리 5학년 학급에 아무 일 없듯이 조용히 지나갔다. 수십 년의 시간이 흐른 지금도, 나는 산딸기나 뱀을 보면 당시의 죽음 기억이 떠오른다. 어린 나이에 무기력하고 무서웠던 죽음에 대한 기억이다.

4. 건조실이 붕괴해도 살아 있는 고라니

어디 가도 살 놈은 산다는 옛 속담이 있다. 운이 좋다는 이야기다. 이 이야기는 사람이 아닌 동물 이야기다.

중학생 시절 시골 마을에는 담배 잎을 말리는 오래된 건조창고들이 많이 있었다. 우리 집 마당 건너편에도 8미터 정도 높이의 황토로 만든 건조창고가 있었는데 보통은 창고로 사용하였다. 어느 겨울날 부친은 고라니 새끼 한 마리를 우연히 인근 산에서 발견하여 건조창고에 보관 중이었다. 그리고 모친은 병아리 새끼 10마리를 추운 날씨로 인해 그곳에서 키우고 있었다.

그리고 며칠 후 이른 저녁 시간에 그 황토로 만든 건물이, 오래되어서, 갑자기 붕괴하고 말았다. 우리는 삼풍백화점 사고처럼 완전히 갑자기 무너져 내린 창고 속 고라니와 병아리들은 모두 죽었을 것으로 생각하였다.

건물 잔해를 하나씩 정리하던 중 놀라운 사실을 목격한다. 고라니와 병아리들이 운 좋게 건물 잔해 속에서 살아 있는 것이 아닌가! 기적 같은 일이었다. 그리고 밤에 무너져 다행이지 낮에 무너졌다면 그곳에 이따금 왔다 갔다 하던 가족들도 위험했을 것이다.

모두가 운이 좋다고 가슴을 쓸어내린 그날의 기억이 죽음 논의와 관련하여 되살아난다. 40여 년 전의 일이지만 지금도 부모님은 가끔 그날의 기억을 생생히 기억하며 말씀하곤 하신다. 하늘이 도운 것이라며 누군가에게 감사의 마음을 전하는 듯하다.

5. 대학교 도서관에서 민주화를 외치다!

필자는 1983년 대학에 합격하여 처음으로 서울에 상경한다. 고등학교 졸업 후 처음으로 서울에 상경하였다. 1980년대 당시에는 전두환 군사독재에 반대하는 데모가 연일 캠퍼스에서 벌어졌고 최루탄, 돌멩이 등이 난무하는 그야말로 아수라장이었다. 대학교에 등교하면 정문에서 사복 경찰이 가방을 수색하였다. 어느 날 대학교 아크로폴리스광장 앞 중앙도서관 5층에서 한 학생이 군사독재에 반대하여 투신자살하는 사건이 발생하였다. 나는 당시에 도서관에 있었다. '도대체 왜 젊은이들이 투신자살하여야 하는가? 민주주의란 무엇인가? 민주주의는 피를 먹고 자라나는가?'란 문제로 고민을 한다. 연이어 투신, 분신, 박종철고문치사 사건 등, 죽음과 자살이 주변에서 난무하는 시절이었다. 어떤 사람은 배움에는 시기가 있기에 '학생은 공부만 해야 한다'고 했고, 또 어떤 선배는 '불의한 현실을 개선하기 위해 저항하고 투쟁해야 한다'면서 의견은 분분하였다. 청춘들의 방황과 고민의 시대였다.

6. 가입교 훈련 중 한 명이 안 보이다

대학원 졸업 후 해군사관학교에 교관으로 군 복무를 위해 39개월 해군장교로 입대한다. 1990년 해군사관학교에서 가입교 생도가 옥포만 앞바다에서 수영 훈련 중 익사하는 사건이 발생하였다. 학부모가 찾아와 소란스러워지고 임시입교 생도는 정식 학생이 아니기에 보상금이 한 푼도 없단다. 그래서 군대에서의 죽음은 개죽음보다 못한다는 말들이 난무하였다. 그러나 이것은 반드시 개선되어야 한다고 생각한다. 군인은 사람이 아닌가? 사회 구성원이다. 시급히 개선되어 할 문제이다.

이 세상에 태어나 죽고 싶은 사람이 몇 명이나 될까? 모든 인간은 대부분 죽음보다는 삶을 원할 것이다. 정치적 신념을 위해 몸은 던지는 열사를 제외하고 대부분 인간은 본능적으로 죽음을 싫어한다. 특히 젊은 청춘들이야 말해 무엇하랴마는 공자도 젊은 제자의 갑작스러운 죽음 앞에서 목 놓아 통곡하며 하늘이 나를 버리는구나! 하며 탄식했다 한다.

해군, 해병 장교훈련소에서 16주 훈련을 마치고, 해군사관학교에서의 교관 생활이 시작되었다. 그 당시에 나의 옆방, 교관연구실에는 독일계 Mrs Fox 여사가 영어 회화 강사로 근무하고 있었다. 그분의 남편은 주한미군 해군의 대령이었다. 매일 아침 마주치면 팍스 여사의 친근한 아침 인사는 나에게 괴로운 시간이었다. 문법 교육만 받은 필자는 영어 회화는 하지 못했고, 외국인을 가까이서 만나는 것도 처음이었다. 매일 인사를 건네는 팍스 여사는 나만 보면, '헬로 미스터 박? 하이 굿모닝, 하우아 유?' 하고 인사했고 나는 당황스러웠다.

그런데 우연한 기회에 나는 팍스 여사에게 일주일에 두 번씩, 6개월간 미군 부대에 있는 팍스 여사 집에서 영어 회화를 배웠다. 그분은 7명의 자녀를 두고 있었다. 당시에 한 달에 5만원씩 교습비를 주었다. 그때 배운 팍스 여사의 영어 교습법 중 기억에 남는 단어는 '포장마차'를 미국인들은 'Soju

Tent', 그리고 '보신탕'을 'Hot Dog'라고 간단히 표현한다는 말이 기억에 남는다. 팍스 여사는 당시 한국의 군부 독재 정치 상황을 안 좋게 보고, 나에게 제대 후 미국 해군에 다시 입대하여 근무하라는 제안도 하였다. 어찌 됐든 제대 후 나는 은행에 입사했고 팍스 여사는 미 해군기지가 있는 샌디에이고에 거주한다. 살아 계신다면 지금 92세 정도일 것이다.

당시 나는 팍스 여사에게 한국 이름을 지어 주었다. 벼 화, 바위 악, 물 수(화禾, 악岳, 수水)라는 한글 한자 이름이다. 한글로 여우란 뜻인 팍스 여사와의 우연한 인연은 당시의 암울했던 군사독재 시절 한 줄기 빛으로 다가왔다. 암울했던 한국이 지금은, 삼성 갤럭시 핸드폰, 현대차, 싸이, BTS, 기생충, 미나리 영화 등 K-CULTURE의 이름으로 전 세계 이름을 날리고 있다. 팍스 여사가 살아계신다면 발전된 한국의 상황을 보고 기뻐하실 것이다.

7. 백령도에서 천안함을 타다

필자는 교육병과인 해군 장교여서, 육상에서 근무해도, 일 년에 한 번은 한 달 동안 의무적으로 해군함정을 타고 동해, 서해바다에서 함상 실습 훈련을 한다. 그래서 처음 해군 장교가 되어 백령도 해상에서 한 달간 승선한 군함이 천안함이었다. 당시 천안함은 해군의 최신 전투함이었다. 군함 안에서 온수로 샤워도 할 수 있는 시설이 신기했다. 동기 중 뱃멀미로 고생하는 사람도 많았지만, 나는 어려서 칡뿌리를 많이 먹어서 그런지 뱃멀미는 없었다. 배에서 따뜻한 샤워도 가능하고, 야간에 갑판에서 장난삼아 해상으로

소변을 보면, 물이 바다와 충돌하며 플랑크톤의 파란빛이 북극 오로라 색깔처럼 발산하는 모습이 당시에는 평화롭고 신기로워 보였다. 한 달간의 함상 실습을 마치고 인천 연안부두 항구에 내리니 갑자기 땅이 흔들린다. 이를 땅 멀미라 한다. 그 후 이십여 년이 흘러 2010년 3월 어느 날 천안함이 북한 잠수정의 기습어뢰 공격으로 두 동강이 나 폭파되고 46명의 군인이 전사한 TV 뉴스를 필리핀에서 보았다. 아찔한 순간이었다. 죽음은 아직도 우리 주변에 무섭게 도사리고 있구나! 언제 어디서 나타날지 모르는 죽음의 그림자가 무섭고 두려운 존재인 것은 사실이다. 시간대만 다르게 죽음이 과거 내가 있었던 같은 공간에 들이닥친 것이다. 나는 운 좋게 피했을 뿐이었다고나 할까!

나의 20대 시절 삼 년의 해군 복무 기간 동안 임관한 동기생, 해군·해병 장교 삼백 명 중 다섯 명이 사고사하였다고 한다. 그런 죽음의 소식을 접하면 나이가 들수록 죽음에 대해 점점 가깝게 다가가는 느낌이었다. 같이 밥을 먹고 훈련 받을 4개월 동안에는 느끼지 못했는데 이 중에서 5명은 3년 안에 사라진 것이다. 당시에는 전혀 상상하지 못한 죽음의 기억들이다. 인간의 운명과 숙명을 생각해보는 계기가 된다. 천수를 누리고 돌아가시는 죽음은 다행이고 슬프지 않다. 그러나 항상 젊은이의 죽음, 사고사 등은 슬프고 아픈 기억을 남긴다. 그런 암울한 시절의 시간이 흐른 후, 2023년 어느 날, 해사에서 가르친 생도 중 한 명이 해군 소장이 되어 동해 1함대 사령관으로 부임했다는 기쁜 소식이 들린다.

8. 삼풍백화점 지하에서 쫄면을 먹다

군 복무 마치고 직장에 입사한다. 직장이 은행인 관계로 2년마다 자주 지점에 순환 근무를 한다. 필자는 서울 13개 지점에서 은행 근무 후 퇴사하고 부동산 사업을 시작하였지만, 서초 반포남지점에서의 기억은 식은땀이 흐른다. 당시 지점 건너에는 삼풍백화점 5층 건물이 있었다. 점심시간에는 백화점 지하 1층 분식집 쫄면이 맛있어서 직원들과 이따금 들렀다. 어느 날 점심시간 여직원 1명 남직원 1명을 차에 태우고 길 건너 삼풍백화점 지하 1층에 주차 후 분식집에서 쫄면을 먹은 후 시간이 좀 남아서 식사 후 백화점에서 20분 아이 쇼핑 후 지점으로 돌아왔다. 당시 지점과 백화점 사이는 걸어서 가기에는 좀 시간이 걸려서 가까운 거리이지만 차를 이용하여 갔었다. 일상적인 하루가 그렇게 지나갔다. 다음날 점심시간에는 다른 식당에서 식사하고 지나갔다. 그날 1995년 6월 29일 오후 퇴근 시간 무렵인 6시쯤 갑자기 지점 앞 대로에서 폭발음 같은 커다란 소리가 들리고 먼지가 일었다. 처음에는 전쟁이 나거나 폭발물이 터진 줄 알았다. 세상에 맙소사 백화점이 붕괴한 것이었다. 502명이 사망한 삼풍백화점 붕괴 사건의 현장이었다.

순간 나의 머리는 마비되었다. 전날 거기에 간 것은 운이 좋은 것인가? 아니면 점점 다가오는 죽음에 대한 경고인가? 착하게 살자는 생각이 당시에 떠올랐다. 허무하게 갑자기 죽는 사고사는 무서운 것이었다. 6개월 후 은행 거래처 김 이사가 목발을 짚고 간신히 걸어서 지점에 왔다. '오랜만에 오셨네요? 이사님 그동안 바쁘셨나 봐요?' 인사를 하였다. 순간 그분이 말했다. '죽다가 살아왔어요. 백화점 붕괴 후 3일 만에 구조되어 그동안 병원에 계속 입원했다가 며칠 전 퇴원하였어요.' 아 삶과 죽음이 종이 한 장 차이구나? 당시에 이런 생각들이 떠오른다.

9. 시행사업 중 작업자, 시공사 대표가 사망하다

2000년 초, 은행을 퇴사하고, 당시 부동산 개발붐에 편승하여, 필자는 서울 강남 역삼동에서, 건설시행사업에 전념하였다. 2004년 당시 대통령과 ○○건설 남○○ 사장의 자살 사건이 떠오른다. 당시에 나는 시행업 중으로, 당시 남○○은 시공회사인 ○○건설회사의 대표이사였다. 2004년 어느날 대통령은 TV 기자회견에서 당시 연임 로비 의혹 조사를 받던 남○○ 사장이, 시골에 거주하는 자신의 형에게 찾아가 뇌물을 주고 본인의 ○○건설 사장 연임 로비 행위를 하지 말라고 말하였고, 이를 집에서 TV로 시청하던 남○○ 사장은 집을 나가 한남대교에서 투신하였다. 그 후 11여 일간 수색 후에 간신히 남 사장 시신을 인양하여 서울대병원에서 장례를 치른다. 그 후 대통령도 퇴임 후 논두렁 시계 사건으로 검찰 조사를 받은 직후 2009년 고향의 집 마을 뒤 야산에 있는 바위에서 개인적 이유로 투신하였다. 참으로 죽음의 순간은 이렇게 갑자기 이렇게 찾아온다.

당시 기억을 더듬어 보면 이 사장 투신 몇 달 전에 나의 사업현장 아파트가 준공되어, 외벽에 ○○아파트 간판을 걸던, 인부 한 명이 갑자기 밧줄이 끊어져 사망하는 일이 벌어졌었다. 당시 직원 말에 의하면 밧줄은 새것으로 교체하여 사용하였다고 하였다. 그런데 왜 새 밧줄이 끊어진다는 말인가?

사람의 운명은 한 치 앞을 알지 못한다. 운명이란 더더욱 그러하다고 느껴졌다.

10. 오키나와 장수촌에서의 노화와 죽음

이 사건 이후 모임에서 회원들과 오키나와 장수촌 방문을 한 적이 있었다. 거기에서는 70세는 청년이고, 팔십이 되어야만 경로당 출입이 가능하고 노인 대접을 받는다. 평균 100세 넘은 노인들이 한국에서 온 우리 일행의 방문단을 반긴다. 장수 요인으로는 돼지고기, 칼라만시과일, 콩, 두부, 해산물 등의 많은 섭취라고 한다. 그렇게 장수하는 그들은 밭일을 하다가 사망하는 경우가 많다고 했다. 마을 탐방 후 100세 노인과의 질문 응답 시간이 있었다. 우리 일행 중 한 분이 100세 노인회장에게 '회장님은 100세이신데 새벽에 발기가 잘 되나요?'라고 당혹스러운 질문을 하여 분위기를 엄숙하게 만들었다.

100세 노인회장은 '저는 새벽 3시경 일어납니다. 기상해서 물을 마시고 라디오를 켭니다. 그러면 젊은 여자 아나운서의 목소리가 들리는데 그러면 기분이 아주 좋아집니다'라고 담담히 대답하는 모습을 보며 역시 100세 노인의 경륜이 느껴지는 현명한 대답이라 생각되었다. 오키나와에서는 장수와 장명을 구분하여 사용한다. 누군가 돌아가시면 '그분은 장수했다. 그분은 장명했다'고 구분한다는 점이다. 노인회장과의 식사 중 그가 돼지고기를 가리키며 '돼지는 웃음(Smile) 빼고는 다 먹는다'라고 말하며 가장 맛있는 부위가 귀 요리라고 말한 것이 인상적이었다.

2024년 12월 30일 이 글을 작성하던 시기에 미국의 전 대통령 지미 카터가 100세의 나이로 사망하였다. 이 책에서 언급된 헬렌 니어링의 〈조화로운 삶〉에서 그녀의 남편인 스콧 니어링도 100세에 일부러 단식하며 삶을 마감한 내용이 언급되었음을 상기해 보면 같은 100세를 살았지만, 카터는 장명하였고 스콧니어링는 무병장수한 삶이라 구분하여 말할 수 있다.

11. 필리핀에서의 위험 상황과 죽음 목격

그 후 필자는 한국에서 시행사업을 마무리한 후, 친구들과 함께 동남아 필리핀으로 사업투자 이민한다.

그러나 당시의 필리핀 사업 상황은 계획대로 되지 않았다. 그곳에서 2008년 9월 발생한 갑작스러운 전염병인 사스(SARS, 중증급성호흡기 증후군)로 인한 한국인 관광객 감소와 불황, 그리고 연이어 터진 리먼 브러더스 사태로 인한 금융위기 등과 같은, 앞날을 예측할 수가 없는 일들이 발생하였다. 그 과정에서 필리핀에서 거주하는 동안 총기사고를 당해 죽어가는 많은 한국인을 보았다. 죽음이 눈앞에서 자주 발생하는 곳이 이곳이란 생각을 지울 수 없었고, 필리핀은 살수록 위험한 곳이란 생각이 강하게 다가왔다.

그러나 사업은 계획대로 진행이 안 되고 불황과 겹치며 고전하다가, 8년 만에 필리핀 생활을 접어야 했다. 가지고 간 돈은 모두 소진되고 수중에 남은 돈은 100만 원뿐인 상태로 철수해야만 했던 처절한 실패를 경험한 시기이다. 그 당시 40세 초반의 필자는 인생에서 처음으로 죽음을 자살로 생각한 고통의 시기였다. 필리핀에서의 삶은 피살, 자살, 아니면 병사로 끝났다. 하루빨리 이런 사람이 살기 힘든 곳은 떠나는 것이 답이다는 생각을 하며 철수를 하였다.

12. 서해바다에서 내가 승선한 선박의 엔진룸 바닥이 구멍 나다

2014년 7월 귀국한 한국 인천공항의 날씨는 무척 더웠다. 나의 수중에는 100만 원뿐이었다. 인천공항에 도착한 나는, 곧바로 막막한 상태에서 충남, 태안 ○○도 항구로 가는 버스를 탔다. 이곳을 향한 이유는 단 하나였다. 죽을 각오로 돈을 모아 재기를 하기 위해서였다. 도 아니면 모, 이판사판 죽을 각오로 배를 탔다고나 할까, 겁을 상실한 도전이었다. 거기서 만난 동갑내기는 건축사였는데 이 친구도 사업하다 망해서 온 경우였다. 그러나 일한 지 한 달 후 이 친구는 항구에 도착하여 어선에서 뛰어내리다가 발바닥을 다쳐 입원 후 장애진단을 받고 일을 그만두었다. 안타까운 일이 발생하였다. 이 친구가 안 뛰어내렸으면 내가 1.6m 높이의 배에서 부두로 뛰어내리려고 했는데…. 이런 사고가 발생하여 미안한 마음이 들었다. 그리고 이곳에 바로 온 이유는 필리핀에서 만났던 친구 가사장이 자신의 고향인 태안에 대해 말한 기억이 떠올라서였다. 사업하다가 망하면 나중에 돈이 필요하면 바다장어·꽃게잡이 하는 8t 어선을 타면 위험하기는 하지만 빨리 돈도

벌 수 있다는 그 친구의 말이 갑자기 기억났기 때문이다.

당시 ○○도 항구에 도착해 보니 일손이 부족하여 어선 선장들이 구인난을 겪고 있었다. 바로 당일 나는 필리핀에서 귀국 후 ○○항에서 선원으로 일을 시작하였다. 그곳에 가보니 선원은 이미 5명이 있었고, 김 선장 집에서 숙식을 함께하며 합숙 생활을 하고 있었다. 자고 일하는 것이 주요 업무였으며, 이따금 태풍이 오면 자유시간이 조금 생길 정도였다. 어선은 8톤 규모로 작았다. 이전에 해군 장교로 복무하며 배를 타보아서 멀미는 하지 않았지만, 선장과 다른 선원들은 내가 멀미를 하지 않는다고 말하니까 나의 말을 믿지 않는 눈치다. 배는 타보아야 한다면서 내가 멀미하는지 안 하는지 자기들끼리 내기를 하는 모습이었다. 처음 배에 승선하여 살펴보니 구명조끼가 안 보이고, 물을 퍼내는 양수기 2대가 고장이 나 있는 것을 발견하여 내가 김 선장에게 이야기했더니 20만 원을 들여 양수기 한 대만 수리하였다. 이는 나중에 목숨을 구하는 역할을 한다.

계절이 여름철이라서 태풍과 비가 오면 배가 출항을 못 하고, 3~5일은 집에서 그물 수리 등 잡일을 하며 집에서 휴식을 취한다. 그러면 바닷장어를 잡을 수가 없기 때문에 선장의 영업 손실은 커진다. 선원들은 집에서 쉬어도 급여 및 경비를 김 선장이 부담해야 했기 때문이다.

김 선장은 손실을 만회하기 위해서 물불 안 가리고, 태풍이 그치면 3~5일 동안 서해로 나가 장어를 잡는다. 그동안 부족한 어획량을 올리기 위해 어쩔 수 없는 방법이다. 잠도 자지 않고 18시간 일하며 6시간만 잔다. 그러나 이때를 회상하면 사업실패를 경험하고 아무런 희망이 보이지 않았던 나는 오히려 힘든 육체적 노동이었지만 마음은 편했다. 15㎝ 이하 새끼장어가 잡히면, 포획금지규정이 있어서 우리는 살려주려고 갑판에 던진다. 그러면 장어가 가만히 삶을 포기하고 있으면 바닷물이 약간 들어와 구멍으로 흐르기에, 바닷장어는 다시 배 옆 구멍을 통해 바다로 떠내려가서 살 수가 있다. 즉 필사즉생이다. 그러나 어리석게도 바닷장어를 갑판에 던지면, 장어 중 대부분은 구멍으로 안 미끄러지려고 발버둥 치며 배의 바닥 중앙 한복판으로 계속 올라오려 몸부림친다. 시간이 지나면 그러다 지쳐서 죽는다. 즉 필생즉사이다. 이런 모습을 보며 아마 충무공 이순신 장군도 이런 바닷장어의 모습을 보고 필생 즉사, 필사즉생을 말하지 않았을까 하는 생각이 스쳐갔다.

팔월의 어느 날 태풍과 우기로 삼일을 쉬고 난 후 영업 손실을 만회하기 위해 김 선장이 새벽부터 출어를 서두른다. 바람과 비가 그쳐서 신진도 항구로 장어 잡으러 서해로 나가는 새벽이었다. 김 선장은 또 손실이 컸기에 손실을 만회하고자 하는 의욕이 앞서서 눈빛이 무서웠다. 그런데 경험이 있는 선임 선원 한 분이 항구에서 배에 오르며 한마디 한다. "오늘 같은 안개가 자욱하게 깔린 날이 태풍보다 더 위험한데~" '이렇게 안개가 끼어서 앞이 잘 안 보이는 날' 그 말을 듣는 순간 불길한 예감이 엄습하였다. 결론부터 말하면 그의 말은 적중한다

당진화력발전소가 멀리 보이며 우리의 작은 어선은 중국 쪽으로 종횡무진으로 움직이며 이틀 밤을 새우며 바닷장어를 찾아서 서해를 종횡무진으로 움직이었다. 서해바다 위 8톤 어선에서 생활하며, 난생처음 5일간 잠도 자

는 둥 마는 둥 하면서 장어를 잡았다. 지금 생각하면 좁은 배에서 먹고 자면서 5명의 선원은 목숨을 바다에 맡기고 일했다고 볼 수 있다.

그런데 그날 새벽 1시경 갑자기 안개가 낀 바다 근처에서 같은 급의 어선과 충돌할 뻔한 사고가 발생하였다. 가까스로 피했지만 안개 속에서 갑자기 나타난 동급 어선은 그 순간 괴물같이 느껴졌다. 그리고 2시간 휴식 후 다시 새벽 3시경 조업에 나섰는데 이상하게도 바다 근처에 검은 암초들이 보였다. 나중에 알고 보니 김 선장이 장어들이 암초 근처에 많이 서식하는 것을 알고 어선을 무인도 근처 가까이 운행한 것이었다. 얼마 후 갑자기 배가 쿵 하는 큰소리와 함께 심하게 흔들렸다. 모두가 놀라 긴장하고 있는데 갑자기 김 선장이 우리들 모르게, 조용히 경험 많은 선원을 불렀다. 잠시 둘이 수군거렸다. 우리는 영문도 모르고 상황이 정리될 때까지 기다렸다. 나중에 안 사실이지만 배가 암초에 걸려서 엔진룸 바닥이 뻥 뚫려서 바닷물이 콸콸 들어오는 사고가 난 상황이었다.

김 선장이 선임 직원을 부른 것은 여기서 SOS 조난 신고를 한 후 구조를 기다릴 것인지, 아니면 양수기로 물을 퍼내면서 어선을 신진도항으로 갈 것인지 자문하기 위해서였다. 십여 분의 상의 후 김 선장은 양수기로 물을 퍼내며 항해해서 ○○항으로 배를 몰고 가는 귀항하는 결정을 내렸다. 왜냐하면 배를 포기하면 피해가 너무 크기 때문에 내린 결정이었다. 배의 엔진은 볼보 엔진이라서 내가 보기에도 튼튼해 보였다. 내가 첫날 어선에 승선하여 고장 난 양수기를 발견 김 선장에게 보고했는데 수리하지 않았다면 이 배는 꼼짝없이 침몰하였을 것이고, 우리는 서해에서 구조를 기다려야 하는 상황이었다.

다행히 김 선장은 사고 이전에 거금 20만 원을 들여서 고장 난 양수기 한 대만을 수리하였다. 운이 좋았다고 해야 하나, 어쨌든 가까스로 ○○항에 간신히 도착하여 썰물 때까지 배에서 물을 퍼내면서 대기해야 했다. 그후 배는 한 달 수리를 위해 조선소로 인양되고 김 선장은 그 후로 당분간 배 수리를 마칠 때까지 어업을 할 수 없었고 우리 선원 5명은 자동 해고되었으며 나는 두 달간의 힘든 생활을 마무리하고 그동안 번 돈 당시 오백만 원을 바탕으로 시행사업, 분양대행사업을 다시 시작하며 10년 만에 재기하여 일어났다.

부동산 분양사업에서 실패를 극복하고 성공의 발판을 마련한 드라마틱하고, 흥미진진한 숨겨진 '10년간의 인생 경험담' 이야기는 나중에 시간이 되면 '사색의 시간 3'으로 출판하려고 생각해본다. 그리고 시나리오작가인 친구가 이런 죽음과 관련된 나의 실패담, 그것을 극복한 성공담 이야기는 나중에 시간이 되면 애니메이션이나 영화화한다면 흥미진진한 소중한 이야기들이 될 것이란 생각에 잠시 미소를 지어본다. 성공·실패·죽음·위기·기회 등의 이야기는 인간사의 한 편의 드라마란 생각이 든다.

특히 강원도에서 새로 시작한 부동산 분양사업은 2016년도 시기에 오히려 번창하였다. 당시 평창올림픽을 1년 앞둔 시기여서, 강원도 개발붐이 일었던 것이다. 그곳에서 운 좋게 실패를 극복하고 재기하는 결정적 기회를 만나게 되었다. 20여 년 전 필리핀에서 사스(SARS)로 망했는데, 다시 돌아온 한국에서 올림픽 특수와 코로나 상황으로 사업에 덕을 본 것이다. 이래

삶과 죽음에 관한 생생진담

서 인생은 아이러니, 새옹지마라 아니 할 수 없나 보다.

이후 2021년 한가한 어느 날, 나 홀로 신진도항을 조용히 방문하여 10년 전 일들을 회상하며, 그 당시 고통을 참아가며 선원으로 두 달 동안 일하며 경험한 죽음의 순간들을 회상해보았다. 그날의 일들이 주마등처럼 눈앞을 스쳐 지나간다. 그런 경험이 모여서 오늘의 내 모습을 만들었음을 생각해보면서 발걸음을 돌렸다.

지난 ○○항에서의 2개월 선상 노동으로 얻은 경험은 '필사즉생, 필생 즉사', 실패하는 자만이 성공한다는 가르침을 주었다. 젊은 시절에는 무조건 육체적 힘든 노동경험을 해보는 것이 필요하다는 생각이다.

나는 〈사색의 시간〉에서 언급한 실존철학자인 키르케고르처럼, 나 홀로 죽음 앞에 마주 서서, '신이 있다면 나를 도와 달라'고, '운명이 있다면 나는 죽지 않고 다시 일어설 것이다'라고 다짐하며, 새벽 서해 바다에서 15년 전 나 홀로 사나운 파도 앞에서 겁 없이 외치던 그날의 기억들을 생생하게 떠올린다. 그날 새벽, 내가 탄 어선이 암초와 충돌하여 구멍이 나고 배가 파손되어서, 나는 할 일이 없어졌으며 그곳을 떠날 수밖에 없었다.

13. 분양사업 현장에서의 사고사

필자는 태안 ○○항구를 떠나서 새로운 사업을 찾던 중 대구 ○○혁신도시에서 아파트 분양사업을 시작하였다. 시작한 지 한 달 후 옆 홍보관에서 근무하던 남자직원 두 명이 현수막을 도로 옆 가로수에 게시하다가, 음주

운전차에 치어 두 명 다 사망하는 교통사고가 발생한다. 그 일로 그 지역의 모든 아파트 분양사업은 중단되었고, 우리는 군산으로 사업장을 옮겨서 일을 다시 시작하였다.

몇 달이 지난 어느 날 직원들과 밤에 도로에 현수막 백 장을 게시하는 일이 벌어졌다. 저녁 오후 도로 옆 가로수에 현수막 게시 작업을 하는데, 우리는 도로에 서서, 가로수를 보고 일을 하는 중이었다. 무엇인가 나의 뒤통수 머리털을 스치며 지나가는 느낌이 들었다. 고개를 돌려 뒤를 돌아보니 시내버스가 빠르게 지나간다. 맙소사 죽을 고비…, 죽음이 스쳐 가는 기분이었다. 사고는 눈 깜짝할 사이에 일어나는 것을 우리는 경험으로 알고 있다. 고속도로 휴게소에 쓰여 있는 도로에서 자동차 고장이나 가벼운 사고 시 비.트.박.스(사고 때 비상등 켜고, 트렁크 열고, 도로 밖으로 대피하여, 스마트폰으로 사고 신고)를 실천하지 못하여 거의 매일 같은 유형의 사고가 발생하는 것을 볼 수 있다. 앞에서 간단히 언급한 것처럼 부동산 분양 10년의 경험담들은 추후 〈사색의 시간 3〉이 출간된다면 자세히 언급할 것을 다짐하며 간단히 마치고자 한다. 나의 의도대로 세 번째 책이 출판되면 인생의 모든 경험담이 마무리될 것으로 예상된다.

10년 후 2020년 어느 날, 당시에 우연히 나에게 ○○도를 말했던 태안에 사는 친구와 연락이 되어서 ○○항을 다시 찾아갔다. 그 친구도 건설사 사장이 되어 잘 지내고 있었다. 그 친구는 나에게 그날 본인의 경험담을 말한다. 자기가 고등학교 졸업 후 삼촌이 ○○도에서 고기 잡는 선장이었는데, 삼촌이 오토바이를 사준다는 말에 배에서 선원 아르바이트하다가 배를 일주일

타고 힘들어서 도망쳤다고 한다. 내가 두 달을 참으며 뱃일을 한 것은 대단한 것이라고 하면서 나의 의지를 칭찬하는 말을 한다. 그리고 그 친구와 함께 그날의 기억을 더듬어 찾아간, 태안 ○○항구에서 만난 김 선장 부부도 15년 전처럼 그렇게 바닷장어, 꽃게 잡으며 선장 일을 하며 잘살고 있었다. 사람은 운명적으로 직업을 쉽게 바꾸긴 어려운 모양이라는 생각이 들었다.

인생은 무엇인가? 나는 누구인가? 우리는 의지의 한국인이다. 삼천리 한반도에서 임진왜란, 동학혁명에서 활약한 강인한 잡초 같은 민초들의 후손들이 아닌가? 죽음을 두려워하지 않고, 탱크 앞을 막는 용기있는 불굴의 정신력으로 나아간다면 실패보다는 성공 확률이 높다는 것이다. 이 상황에서 자살을 생각하는 모든 이에게 '생을 마감하고 죽을 바에는 무엇이든 죽을 각오로 죽자고 덤벼보자! 죽어도 좋은데 못할 일이 무엇인가? 인생은 의외로 길다. 백년은 짧은 기간이 아니며 늦었다고 생각할 때도 아직은 시간이 많다. 생각의 각도를 정반대로 바꾸면 다른 세상이 보인다'라고 나의 경험을 말해주고 싶다.

14. 돌아가시기 3일 전에 나의 조부가 하신 일

중학교 1학년 때 필자는 시골집에서 조부님이 돌아가시는 모습을 보았다. 그리고 장례식에서 처음으로 지금 생각해보면 아름다운 꽃가마 상여를 보았다. 임권택 감독과 안성기 주연의 영화 '축제'에 나오는 그런 꽃가마 모습이다. 나가 어릴 적 조모에게 들은 바로는 나의 조부님은 네 살 때 고아가

되었고 부모님 장례 때 병풍 뒤에서 숨바꼭질하고 놀았다는 말을 친척분에게 들었다고 하셨다. 부모님들이 병으로서 거의 같은 시기에 돌아가셨다고 하였다.

시간이 흘러 우연하게도 박사과정 심리학 수업시간에 '나의 상실기'라는 과제가 있었다. 수십 년 전 조부의 죽음 생각이 떠올랐다. 이번에 글로써 조부의 기록을 간단하게나마 남기고 싶은 마음이 들었다. 각자 '가족과 친구의 죽음 상실'을 경험한 것을 써서 발표하고 공유하는 시간이 있었다. 대부분의 대학원생 발표자들은 성인임에도 불구하고 자기 죽음 상실 경험을 발표하는 도중에 슬픔을 참지 못하고, 눈물을 흘리며 한동안 말을 하지 못하는 경우가 많았다. 나 역시 마찬가지였다. 가슴에 맺힌 '죽음의 상실기'들이었다.

나도 耳順의 나이에 조부의 사망을 자세히 알려고, 다짐한 후에 나의 조부가 고아란 조모의 말을 사실 확인을 하기로 마음먹고 집 안에 있는 咸陽朴氏 족보를 살펴보니, 정말 나의 조부의 부모님이 43세를 일기로 1904년 같은 해 돌아가신 기록이 있었다. 정말 조부는 일제시대에 4살 때 고아가 되어 천상천하 유아독존의 상황에서 친척 집을 전전하시다가 17세 일본 후쿠오카로 건너가셔서 사업을 시작하여, 정미소를 운영하며 당시에는 자수성가하셨던 분이었다. 광복 후 고향으로 귀국해서 6·25사변 등을 겪으시며 산전수전 고생하시다 77세의 나이에 돌아가셨다. 4세의 고아에서 풍전등화 같은 운명 속에서 성장하여 가족을 이루고 지금은 후손들이 100여 명에 육박하니, 이것도 삶과 죽음에 대한 나의 사고를 깊게 한다. 조부는 돌아가시기 3일 전 나무망치와 나무 말뚝 4개, 그리고 새끼줄을 들고 뒷산 3킬로 정도 떨어진 한평생 농사짓던 조부 소유 밭에 가서서, 경작이 불가한 쓸모없는 땅에 말뚝 4개를 박고 새끼줄로 표시한 후에 집에 돌아오셨다. 나도 어릴 적 걸어오시던 조부의 모습이 생생히 기억난다. 그리고 나의 부친에게 '내가 죽거든 표시한 이곳에 나를 묻으라'고 당부하셨다.

돌아가신 후 장례식날 나도 어린 나이에 거기에 가서 말뚝을 보았다. 부친은 가족들과 상의하여 전망 좋은 밭 부분에 묘지를 쓴다. 조부는 자신이 좋은 땅에 묻히면 후손들이 경작할 땅이 부족할 것을 염려하여 그렇게 결정한 것이었다. 조부의 죽음 준비를 생각해보며 인간의 삶과 죽음은 자손의 머릿속에 잊히지 않고 영원히 전승된다는 사실이다. 지금도 나는 조모가 남기신 평생 사용하였던 화로와 조부님이 만드신 둥가리 볏짚으로 손수 만드신 둥가리와 소형 떡을 썰던 소형나무 손작두를 소중히 간직하고 있다. 이따금 그 유품들을 보면 조부모와 함께했던, 어릴 적 기억과 추억들이 생생히 살아난다.

우리 조상들의 마음은 참으로 눈물 나는 후손 사랑으로 가득하다. 정말 조상님들의 자식 사랑과 희생정신은 오늘을 사는 우리들이 본받아야 한다.

이렇게 우리 조상들은 수천 년간 삼천리금수강산에 거주하며 한평생 경작하고 땅으로 돌아가신 분들이다. 이런 사실을 우리는 망각하고 잊는 것은 아닌가? 이분들의 죽음관은 공자나 석가처럼 거창하지는 않지만, 죽음을 두려워하지 않으며, 자연에 순응하는 명확한 죽음관을 가지고 있었다. 이 부분은 뒤에서 자연과 함께하는 '한국인의 죽음관'에서 더 논할 것이다.

한국인의 사고와 유교의 영향

3장 한국인의 사고와 유교의 영향

유교적 전통이 한국사회와 헌법 탄생에 미친 영향은 지대하다고 할 수 있다. 나종석 교수는 〈한국 민주공화국 헌법 이념의 탄생과 유교 전통〉이란 논문에서, 우리 사회가 서구세계로부터 영향을 받았음에도 불구하고 그것을 나름의 전통을 매개로 하여 능동적이고 주체적으로 해석해온 역사적 산물이라는 점을 분명히 한다. 이런 점에서 대한민국 제헌헌법의 정신은 조선 사회에서 축적된 유교적인 대동 이념의 전통을 바탕으로 서구민주주의 및 공화주의를 나름의 방식으로 이해하고 번역하여 그것을 우리 사회에 창조적으로 적용한 역사적 산물로 바라볼 수 있다. 따라서 이 논문은 유교적 대동 정신의 영향이라는 지평 속에서 한국의 민주공화국 헌법 정신의 역사적 근원이 제대로 이해될 수 있다는 문제의식을 제시한 것으로 보인다.

분단된 상황에서 우리 사회는 산업화와 민주화에서 거둔 일정한 성공은 매우 눈부신 것이었다 그러나 우리 학계는 한국 민주주의의 기원에 대한 공통의 견해가 확립되어 있지 않다. 최근의 독립기념관장 임명사태에서 보듯 광복절, 건국절에 대한 의견이 분분하다. 많은 헌법학자도 대한민국 헌법에 등장하는 민주주의 원리를 미군 진주로 인해 초래된 자연스러운 결과로 이해한다. 그러나 최근의 연구는 제헌헌법 형성에 일제 강점기 시대 독립

운동의 영향이 컸다는 사실과 신우철과 서희경은 제헌헌법 탄생에 조소앙 (1887~1958)의 삼균주의가 지대한 영향을 주었다는 점을 강조한다.

신우철은 조소앙을 임시정부 헌법의 아버지, 대한민국헌법의 숨겨진 아버지라고 강조한다. 삼균주의는 간단히 말해서 조소앙의 민족주의적 정치사상으로 개인과 개인, 민족과 민족, 국가와 국가 간의 균등을 실현하기 위해서는 정치, 경제, 교육적 균등을 실현해야 한다는 주장이다.

서희경의 연구도 한국 헌법의 기원을 1896년 만민공동회(1896~1898, 서재필, 이승만 독립협회 주최)에서 구한다. 만민공동회 사건을 통해서 비로소 조선 사회에서 국민, 즉 근대적인 정치적 주체가 탄생했다는 주장은 고대 이래 백성은 정치적 주체가 아니었다는 주장과 궤를 같이한다. 서희경에 의하면 한국 2천 년 역사에서 백성은 정치적 주체로 인정받지 못했다. 조선 사회 역시 마찬가지였는데 유교 국가 조선에서 왕들은 백성을 통치의 대상으로만 간주했다. 서희경은 만민공동회를 민회로 보면서도 18, 19세기 조선 사회가 유교적 공론정치의 역사적 맥락을 배경으로 하여 형성되어 온 민회의 지속적 영향사를 이해하지 못한 것으로 이해된다. 그는 만민공동회를 한국 정치에서 중요한 '데모'의 효시로 규정하는 최정운의 이론을 빌려 만민공동회의 독특성만을 강조한다.

19세기 후반 조선 사회는 유교적 전통을 다시 사유하고 그것을 공화주의와 결합하는 방향으로 재해석하는 모습을 보여준다. 이해하는 주체로서의 인간은 늘 특정한 역사적 상황 속에서 전승되어 오는 세계의 이해를 통해 타자를 접하는 존재이기 때문이다. 이 과정에서 천하 유공 사상은 매우 중요한 임무를 수행한다. 대동적 유교 사상의 조선 사회에서는 서구의 공화주의가 서구의 공화주의와 민주주의를 나름의 방식으로 수용하는 문화적 조건으로 작용했다. 조선에서 서구 입헌 민주주의에 대한 관심을 처음으로 보인 인물로 알려진 혜광 최한기는 미국 대통령 선거를 지공거(至公擧), 즉 가장 공변된 선거로 보면서 미국의 정치를 마치 요순과 같은 성왕이 통치하는 가장 이상적인 유가적 정치체제로 묘사하기도 하였다.

요약하자면 서구의 공화주의 및 민주주의를 번역함에 의해 한 말 유학자들은 서구 제국주의의 폭력성에 저항하면서 우리 사회의 유교적 전통을 혁신하여 새로운 대안적 근대성에 대한 상상을 모색하지 않을 수 없었다. 우리는 조선 사회를 비롯한 동아시아 사회의 전통과 역사를 새롭게 바라볼 수 있는 사유능력을 키워야 할 것이다. 필자는 한국헌법 정신을, 조선 사회를 거치면서 축적되어온 유교적 정치이념 및 유교적 정치문화가 서구 근대와의 조우 속에서 민주적으로 변형되는 과정으로 이해하고자 한다. 그래서 한국 헌법정신의 형성사를 민본주의에서 민주주의로의 이행과정으로 개념화할 수 있다.

이런 해석이 타당하다면 한국 헌법이 지향하는 민주주의를 대동 민주주의라는 개념으로의 확립을 시도해 보는 것도 의미가 있는 것으로 보인다. 대동 민주주의 개념은 서구적 인권 및 민주주의와 동양의 유교적 대동사상의 지평 융합 혹은 동서 문명의 회동과 발현 양상을 이론적으로 명시화해 보려는 시도로 이해될 수 있다.

〈전통과 근대-한국의 유교적 근대성 논의를 중심으로〉라는 나종석 교수의 두 번째 논문은 '오늘날 한국사회와 조선사회의 유교 전통은 어떤 관계가 있는가?'란 물음을 가지고 한국 근대성에 대한 새로운 해석의 가능성을 시도한다. 특히 장은주 교수의 유교적 근대성 이론을 비판적으로 검토하고 있다. 장은주 교수는 유교적 근대성을 개인의 자율성 및 민주주의와 유교적 삶의 양식 및 그 도덕적 문법 사이에는 친화성이 거의 없다고 주장하며, 한마디로 민주주의적 가치와 이념은 우리의 유교적 근대성에 온전하게 내재적인 것이 아니라고 주장한다. 그래서 그는 한국의 근대성에서 구현된 민주주의를 타락한 민주주의의 형식으로서의 주리스 토크라시(Juristocracy)규정한다. 장은주 교수는 한국에서 작동하는 사법 지배체제는 유교적인 정치적 근대성의 표현이다. 그리고 이 체제는 법을 수단으로 삼아 지배세력이 자신의 권력을 재생산하는 억압적 지배체제이다.

장은주의 유교적 근대성 이론 주장에 대하여 나종석은 그의 이론이 지닌 문제점으로 첫째, 유교적 근대성 이론은 전통적 유교 사회에서 축적된 유교적 습속에 내재해 있는 해방적 요소를 과소평가한다. 능력주의 과거제를 통한 신분 이동 등 개방사회라는 점이다. 둘째, 장은주 교수 이론은 한국 근대성의 문화적–도덕적인 지평을 형성한 유교적 전통이 개항기 식민지배 분단과 전쟁 그리고 개발독재 과정에서 어떤 과정으로 변용되었는지에 대한 분석을 결여하고 있다. 셋째, 장은주가 한국의 근대성을 해명하면서 유교 전통이 한국 근대성 형성을 한 가지 방식이 아니라 다양한 방식으로 규정하고 있다는 점을 종합적이고 균형 있는 관점으로 보고 있지 않다. 그는 한국의 가족주의, 연고주의, 권위주의 및 집단주의 등을 유교적 전통에 기인한 것으로 본다.

나종석 교수는 이 주장이 틀린 것은 아니지만 엄밀히 말해서 다양한 검토가 필요하다며 다음과 같이 주장한다.

첫째, 유교 정치문화의 민주성은 한국사회의 근대 속에 나름대로 현실화하여 있는데 그것이 제헌헌법 15조, 즉 "재산권은 보장된다. 그 내용과 한계는 법률로써 정한다"와 119조 2항에서 "소유의 공공성"을 명시한 제헌헌법의 규정은 전통적 유교의 경제 평등이념을 계승한 것으로 해석될 여지가 다분하다고 볼 수 있다고 생각된다. 대한민국헌법은 조소앙의 삼균주의 이념(유교적 요소 강조)이 대한민국 헌법에 각인되어 독자적으로 형성되어 왔으며 미군에 의해 이식된 것이 아니라는 주장에는 전부 동의할 수는 없을 것으로 생각한다. 왜냐하면 당시 해방된 혼란한 상황에서 헌법을 만들면서 여러 나라의 헌법을 참고하지 않고는 힘들지 않았을까? 라는 의문이 들기 때문이다. 특히 미국의 영향을 받았을 것으로 생각된다.

둘째, 1970년대와 1980년대 한국민주화운동에서 주역을 담당했던 대학생들의 행위방식도 유교적인 전통에서 이어져 온 비판적이고 사회적 책임을 다하는 지식인 모델을 반복하고 있다는 것과 가족의 행복을 담당해야 하는 책임감, 바람직한 사회를 만들기 위한 사회운동에 참여하는 것이 지식인의 모습이라는 조선의 유교적 전통에 기원을 둔 책임의식이 있었다. 그들은 유교의 입신양명주의와 사회비판, 즉 사회적 양심의 대변자로서의 지식인의 책임을 다할 것인지의 갈림길에서 많은 학생이 후자의 길을 택했다는 주장에는 동의할 수가 없다. 당시 대학생이라고 해서 전부 지식인이라고 할 수도 없을 뿐만 아니라 사회운동에 관심이 없는 층도 있었고 다양한 부류도 많았기 때문이다. 지식인과 양심의 대변자들이라는 단어는 피상적이어서 구체적 용어사용이 필요하다고 생각된다. 당시의 대학생들이 영향을 받고 많이 읽었던 책들은 마르크스나 사회주의 사상사들이었고 오히려 유교 사상의 영향은 미미했다고 볼 수 있다.

유교적 전통이 한국 민주주의와 인권에 미친 영향을 살펴보면 이 주제의 논점은 민주주의와 유교 문화 사이에 긍정적인 연관과 영향을 중심으로 보는 것이다. 그러나 유교적 가치가 독재정치를 정당화하는 방식으로 재해석되는 경우도 존재했음을 부인할 수 없다. 특히 유교의 핵심가치인 충효 관념이 군주나 정치지도자에 대한 무조건적 복종을 정당화하는 이데올로기로 오용된 경험도 분명한 사실이다.

그러나 이 글에서 비판하고자 하는 관점은 유교적 가치는 오로지 반 근대적이어서 근대성을 추구하는 데 결정적인 방해물이라는 통념이다. 다시 말해서 한국에서 자본주의적 근대가 발달하지 못했던 원인이 부패했던 조선의 유교 사회의 문명적인 후진성에 있다고 보는 관점이다.

저자는 한국의 민주주의 실현과정에서 조선 시대를 거치면서 축적돼온 유교적 정치문화가 어떤 방식으로 긍정적인 임무를 수행했는지를 보여주고자 한다. 한국의 민주주의를 선비 민주주의로 규정하고 선비정신과 민주주의의 창조적 만남의 과정을 통해 민주화 운동의 내적 논리를 해명하고자 하는 것이다. 또한 본 논문에서 유교적 전통의 민주적 잠재력이 한국사회에서 어떤 방식으로 구현되는가를 보여준다.

유교 문화와 민주화의 상생적 만남이 바로 한국 근대성의 독자적 성격을 보여주고 있다고 본다. 성리학을 받아들여 사회를 유교적 모델에 따라 재편했던 조선의 역사적 경험이 민주화의 과정에서 긍정적 역할을 했다는 주장은 한국의 근대가 서구 및 일본의 충격에 의해서 시작되었다는 서구 편향적 시각을 상대화하는 작업이다. 그러나 한국학계는 이런 변화가 어떻게 이루어졌는지 설득력 있는 논리를 제공하고 있지 못하다.

대만의 비판적 지식인인 천광싱은 다음과 같이 말한다. "지난 한 세기 동안 한국이 보여준 강인한 민중운동의 역량을 역사적으로 어떻게 해석할 것인가? 내 생각에는 이는 동아시아 사상계가 공동으로 짊어질 숙제다."

저자는 이에 대하여 유교적 정치문화를 바람직한 사회와 도덕적 질서에 대해 한국인들이 집단으로 공유하고 있는 '사회적 상상'이라는 관점에서 한국사회의 근대성의 내적 동역학을 해명해 보고자 시도한다. 한국사회에서 역사적으로 공유된 사회적 상상 중 유교적 전통은 무시될 수 없다. 유교적 전통 중에서 개인에 대한 집단의 우선성, 통일이나 조화성 강조, 근면·절약·교육의 중요성, 모든 사람이 요순이 될 수 있다는 평등의식이나 백성을 귀하게 여기는 것을 정치의 근본으로 간주하는 민본주의, 그리고 도덕적 원칙을 몸소 실천하고 이를 세상에 구현하려는 선비정신은 매우 중요한 가치이다. 이는 한국의 정치사회와 사회문화적 조건을 이해하는데 아주 중요하다. 또한 조선왕조 500년에 걸쳐 시행된 과거제도를 통한 실력 위주 선발과 관료제적인 지배체제로 인한 신분제의 약화와 그에 따른 일반 백성들의 사회적 신분 상승의 가능성 확보 등은 한국의 정치변동 유형을 이해하는데 매우 중요하다.

유교적 전통이 한국의 민주화 운동에 긍정적으로 이바지한 측면을 강조한 몇 사례를 보면 지식인의 정치적 참여의 전통, 그리고 지식인의 역사적 책임의식 등에 주목한다. 조선 사회에서부터 누적되온 공적 토론에 의한 정치나 지식인들이 정치에 책임감을 느끼고 참여하는 전통이 외세의 침략을 받았을 때나 억압적인 독재정권 시절에 민족주의 운동과 민주화 운동의 자극제가 되었다고 한상진은 강조한다. 뚜웨이밍은 유교 문화가 학생 및 지식인계층의 활발한 정치 사회적 참여와 밀접한 관계가 있다고 주장한다. 브루스 커밍스는 한국의 민주화 운동을 서술하면서 학생시위가 교육받은 사람들에게 국가의 도덕적 귀감이나 양심의 파수꾼이 되기를 요구하거나 심지어는 명령하는 유교의 근원에 바탕을 두고 있다고 주장하는 한국 전문가의 증언을 인용한다.

조선 사회를 거치면서 참다운 지식인은 원리와 도덕을 위해 목숨을 걸고라도 부당한 권력에 저항하는 사람들이라는 전통이 확립되었고, 일반 사람에게도 이런 규범을 내면화하여 사회와 국가, 그리고 더 나아가 세계를 위하여 올바른 행동의 모범을 보이는 사람이 진정한 선비요, 지식인이라는 생각을 지니게 되었다. 대학교수와 사회적인 명망을 지니는 지식인이 한국의 민주화 과정에서 큰 역할을 한 것도 조선 사회로부터 축적된 정치문화의 배경을 전제로 하는 것이다. 이는 유교 문화에서 사대부 및 선비집단의 정치적 행동 양식이 현대적 반복으로 나타나고 있다는 것과 궤를 같이한다. 물론 사회적 명망가들인 지식인 주도의 재야 정치 운동은 학생운동을 바탕으로 한 것이다.

1960년대와 1987년 사이의 가장 중요한 민주화 운동 세력은 학생운동이었다. 이는 교육을 사회적 힘으로 받아들이는 문화적 조건 때문이었고 일제 강점기에도 많은 유학자가 유교적 이상주의를 포기하지 않고 독립운동가나 사회주의자로 변신하여 공적 대의를 위해 힘을 기울였다. 이런 현상을 두고 일부 학자는 유교의 자기혁신 정신과 대동사상에서 이런 변화의 원천을 이해한다고 말한다.

근대성에 대한 철학적 성찰은 우리 현실을 제대로 인식하기 위해서 필요하다. 일본을 필두로 하여 한국, 대만, 싱가포르, 그리고 중국 등의 자본주의적 근대화에서의 성공은 유럽의 근대성이 비서구 사회가 도달해야 하는 문명의 기준으로 설정될 수 없다는 점을 보여준다. 각 나라의 문화에 따라 근대성도 다르다는 점이 나타나며 서구 중심주의적 사고방식을 비판적으로 보면서 우리의 과거 유교적 전통문화가 오늘날 우리의 삶과 미래에 어떤 의미를 지니는지에 대한 열린 대화가 필요하다.

칸트가 인간에게만 유일하게 도덕적 지위와 존엄성을 부여하고, 인간 이외의 모든 존재를 인간에 의해 마음대로 사용 가능한 유용한 자원으로 보면서, 그런 존재에게서 모든 도덕적 지위를 박탈하는 것은 그의 인권 이해의 철학적 정당화의 근거가 역사적으로 매개된 것임을 보여준다. 또한 자연과 인간의 이원론에 입각한 칸트의 자율성의 이념과 인권 이해가 얼마나 자연에 대한 지배와 통제, 그리고 심지어 폭력에 기반을 두고 있는가가 드러

삶과 죽음에 관한 생생진담

난다.

유교적 자율성 이론은 인간의 존엄성을 인간의 자연 지배에서가 아니라 자연과 조화로운 공생의 관계 속에서 이해한다. 달리 말하자면 인간의 자연 지배에서가 아니라 자연과 조화로운 공생의 관계 속에서 이해한다. 칸트의 자율성 이론과 달리 유교 전통에서 어짊의 자율성은 인간과 자연의 이원론과는 거리가 멀다. 유교에서는 도덕적 교감의 대상이 인간만으로 한정되지 않는다. 생태위기가 보여주듯이 자연을 오로지 효율적인 자원으로 간주하는 과학기술 문명과 결합한 자본주의적 시장경제 체제는 커다란 위기에 처해 있다. 칸트식의 도덕의 자율성 이론, 인간의 존엄성에 대한 이해를 넘어서야 한다. 예를 들어 주희나 왕양명의 천지 만물 일체의 이론은 칸트의 윤리학이 해결하지 못한 인간과 인간 이외의 생명체 및 자연과의 도덕적 관계의 철학적 토대를 제공해 준다.

선비가 "죽음을 보고 그 수호함을 고치려 하지 않는다(見死不更其守)"라는 것은 자신이 감당해야 할 책임을 다른 사람에게 미루지 않고 다한다는 것을 의미한다. 그런 점에서 유학에서 이상적인 인간형으로 이해되는 군자는 고통과 어려움에 직면해 있는 타자를 돕는 일이 설령 자기 죽음을 초래한다고 해도 그런 일을 다른 사람에게 전가할 수도 없고, 그 어떤 다른 것으로 대체할 수도 없다는 의미에서의 무한한 책임을 스스로 짊어지는 존재이다. 이제 자연과 생명을 소중하게 섬기고 아끼는 어진 마음의 겸손한 존엄성이 필요할 시기다. 이처럼 유교적인 어짊의 자율성과 생명존중 사상은 칸트적인 자율성 이념과 존엄성 이념의 폭을 넓힌다.

유석춘 교수는 서구적 인권 개념이 전제하는 개인은 고립되고 추상적인 개인이나 자유롭고 자율적인 자아로서의 개인이지만 유교적 전통의 영향 속에 있는 개인은 항상 다른 사람과의 관계 속에서 설정된 사회적 임무를 수행하는 개인이라고 본다. 그러나 필자는 이런 해석에 반대하며 어진 마음의 자율성 이론의 핵심은 수신·제가·치국·평천하에서 보듯이 개인은 마음의 수양을 통해 천하 및 만물과의 일체를 이룰 수 있는, 즉 자신과 만물에 대한 편파적이지 않고 사사롭지 않은 관계를 맺어서 늘 더욱더 큰 관계망으로 나가는 마음의 확장이다. 중용에는 천지 만물 일체에 이르는 마음의 수양과 확장의 과정이 잘 요약되어 있다. 그래서 유교적인 어짊의 자율성 이론은 수양적 내지 교화적 인권 이론이라고 명명될 수 있을 것이다.

위의 글들을 검토해보면, 전통적인 유교 문화가 한국 민주주의와 인권에 긍정과 부정적인 두 가지 영향을 준 정신적 기반이 있다는 것을 부정할 수는 없으며, 한국 민주주의는 4·19 혁명, 5·18 민주화 운동, 6·10 민주 항쟁까지는 물론 촛불집회와 현재까지도 계속 반복되고 있다. 한국 민주주의의 현실을 냉정히 살펴볼 필요가 있다. 그러나 전통적 유교 문화의 영향은 아직도 사회 곳곳에 남아 있는 듯하다. 광장에서 모여 민주주의를 외치고 난 후 집에 가면 가부장적 부모로 돌아가고, 회사에서는 권위주의적이고 갑질하는 상사 등 광장의 민주주의와 일상 현실에서의 민주주의는 괴리가 있는 것으로 보인다. 민주주의자가 없는 민주주의라는 표현이 적절한 표현인 듯하다.

민주주의는 구체적으로 정치 민주화, 사회 민주화, 경제 민주화 등으로 구분하여 볼 때 한국은 정치 민주화는 제도적으로 잘되어 있으나 현실 정치인들의 행동은 전혀 민주적이지 않으며 사회, 경제, 체육, 문화 등의 분야에서는 아직도 권위적인 모습과 비민주적 제도들의 양상이 제자리걸음을 하는 것으로 보인다.

유교의 기생태학적 관점에서 '카프라, 생태학적 세계관의 기본원리'와 한면희 교수의 '생명존중의 동아시아 환경윤리에 관한 글'에서 생명존중의 동아시아 환경윤리는 지구와 사회 인간을 보는 방법은 개체론적 접근과 전체론적 접근법이 있다. 서양의 주요 흐름은 개체론적이다. 초기에는 환경보존을 위하여 생명을 존중하자는 시각도 개체론적 방법에 따랐다. 인간 중심의 환경주의는 인간 개인마다 이성을 가진 자유로운 존재로서 생명과 자유 행복추구와 같은 권리를 가지기 때문에 인간의 그것을 존중하기 위해서 자연을 보호하고자 하였다. 또 같은 방법으로 동물과 생물의 생명을 존중하고자 하는 접근도 나타났다. 그는 이런 접근법이 개체로서 인간 생명이나 동식물 생명존중에 유리하지만, 자연보전에 적합할 수 없다고 보았다.

개체론적 접근이 한계에 봉착하자 서양에서는 전체론적 접근에 의해 자연에 다가가는 시도가 나타났고, 지구 가이아 또는 생태 중심주의가 펼쳐졌다. 가이아 가설은 지구 생명체에 대한 새로운 자각을 조성함으로써 지구를 경외하게 만드는 데 기여했고 심층 생태주의가 대변하는 생태 중심주의는 아름다운 생태계와 멸종에 처한 종 보전에 탁월한 지혜를 가져다주었다. 그러나 한계도 드러났다. 가이아 가설의 경우, 자연 그 자체를 위해서 자연보호를 해야 할 필요성이 약화하게 되었다. 심층 생태주의의 경우, 인간의 지위가 동식물의 그것과 같이 격하된 상태에서 자연의 법칙에 맡겨질 때 자칫 반인도주의로 미끄럼을 타게 되는 결정적 한계에 봉착할 수가 있다.

그는 서양의 생명존중 접근이 다소 한계에 봉착하게 된 연유가 있다고 본다. 개체론적 접근은 개체 생명체 존중에 치우치는 과정에서 집합적 개념으로서 생태계와 종 보전을 간과하게 되는 우를 범하게 된다. 하지만 전체론적 접근은 전체로서의 지구를 생명 실체화하거나 또는 그것으로 미끄럼을 타게 됨으로써 지구나 생태계 보전에는 대단히 유리하지만, 인간을 비롯한 개체 생명의 안위를 무시하게 되는 결과로 나타난다는 문제가 있다.

서양의 환경윤리와 생명 사상이 이렇게 흐른 데에는 서양 전통과 생활 양식의 특징과 한계에서 비롯되었다고 보인다. 서양과 달리 동양, 특히 동북아시아에서는 고유한 생명 문화가 생활 속에서 뿌리를 내리고 있었기 때문에 문제를 더욱 잘 풀 수 있는 해법이 존재한다고 본다. 필자는 이것을 기 생태주의로 발전시켜서 생명존중의 생태주의 접근으로 구체화했다. 기생태주의는 인체를 생명 실체이자 생명의 장으로 보지만, 각 장기를 생명 실체로 간주하지는 않는다. 마찬가지로 인간을 비롯한 개별 생명체를 생명 실체로 보지만, 자연을 생명 실체로 간주하지 않고 생명의 장으로만 인식한다. 자연적 존재는 각각의 생태학적 역할을 함으로써 고유한 기를 생산하고, 그리고 이것은 생명의 그물망인 생태계를 통해 자연으로 전해져서 모든 자연적 존재가 생명 에너지로 삼아 더불어 살아갈 수 있게 된다.

그런데 기생태주의는 인간의 시각으로 자연의 생기와 시기를 분별하여 파악함으로써, 사기 조성을 차단하고 생기가 흐르도록 함으로써 인간 자신의 생명은 물론 인간의 생명이 의지하게 되는 생명의 장을 보전하고자 한다. 기생태주의는 오늘의 환경문제를 해결하는 데 좋은 통찰을 제공해 준다고 본다. 그것은 물질 중심의 산업 문명이 인간만을 위한 성장으로 치달으면서 자연의 생명 부양 여력을 과도하게 초과하고 또 그 과정에서 현재의 동식물 존재와 인간에게 극도로 해로운 오염물질을 배출하는데, 이것을 자연의 생기 왜곡과 사기 방출에 따른 문제로 파악한다. 그리고 그 해법으로 인간의 문화 유지에 따른 사기 배출량이 사기를 생기로 바꾸는 자연의 정화량과 인간의 생태 친화적인 과학기술에 의한 사기의 생기 정화량과 같아지도록 제어함으로써 지속 가능한 문화를 구축하고자 한다. 이것은 생명을 죽이는 현 생활 양식을 새롭게 바꾸는 것에서 출발하는 것이다. 그리고 그런 생활 양식의 원형을 동아시아에서 찾을 수 있다고 본다.

물론 문화 공동체의 구성원 각자는 자유를 구가하는 가운데 서로 협력하여 선을 이룰 것이다. 이 과정에서 서양의 생태주의 사상은 건강한 사회제도 형성에 중요한 통찰을 제공해 줄 것이다. 따라서 동서양의 자연 친화적 생태주의 사상과 윤리가 합세하여 인간의 건전한 생명 문화를 조성하되, 그것이 생명의 원천으로 생태계와 자연을 보전하는 데까지 이를 수 있게 될 것이다.

카프라의 생태학적 세계관의 기본 원리는 우리 시대의 주요한 문제, 핵전쟁의 위협, 자연환경의 황폐화, 전 세계 빈곤과 기근에 대한 무방비 등등 현재 변화하고 있는 패러다임들의 사회적 의미를 연구하는 것이다. 필자는 이 새로운 세계관을 세계를 분리된 부분들의 집합체라기보다는 통합된 전체로 보는 전일적 세계관 또는 생태학적 세계관이라 부른다. 이런 생태학적 인식은 모든 현상이 근본적으로 상호 의존하고 있으며 개인과 사회가 자연의 순환 과정에 깊이 관련되어 있음을 깨닫게 해준다. 생태학적 패러다임은 현대과학의 지지를 받고 있다. 또한 이것은 정신적인 자각이기도 하다.

모든 현상에 대한 경험을 근본적인 일치(Oneness)가 드러나는 것으로 자각하는 것은, 동양적 세계관이 공통으로 가지는 중요한 특징이며, 모든 신비주의적 전통의 본질이요 동양적 세계관의 본질이라고 말할 수 있다. 또한 우주를 기본적 실제가 없는 관계들의 그물로 보려는 견해는 동양적 사고의 특성이다. 이는 대승불교에서 가장 명료하고 상세하게 표현되고 있다. 물리학과 불교 철학이 매우 일치한다는 점을 그의 저서인 〈현대물리학과 동양사상〉에서 강조하고 있다.

이러한 새로운 개념의 틀은 즉시 중요한 의문들을 불러일으킨다. 만일 모든 것이 그 밖의 다른 것들과 관련을 맺고 있다면, 우리는 어떻게 어떤 것을 이해하기를 바랄 수 있겠는가? 모든 자연 현상은 궁극적으로 상호 관련을 맺고 있으므로 그들 가운데 어느 하나를 설명하기 위해서는 나머지 다른 것들을 이해할 필요가 있다. 하지만 그것은 불가능하다. 이에 대한 나의 대답은 과학자는 진리로부터, 과학자는 근사적인 기술로의 전환을 나타낸다. 즉 과학자는 실제에 대한 제한적이고 근사적인 기술들을 다룬다는 것이다. 그는 이런 기준에 대한 가장 멋진 표현을 파스퇴르의 말에서 찾는다. "과학은 잠정적인 대답을 통해서 자연 현상의 본질에 더욱 깊이 도달하려는, 일련의 더욱 미묘한 물음들을 향해 나아간다." 또한 핵 파괴의 위협과 자연환경의 황폐화에 직면한 인류가 생존할 수 있는 길은 우리의 과학과 기술의 바탕을 그 이유와 방법, 가치들을 근본적으로 변화시킬 수 있을 때만 가능할 것이라 믿는다. 그는 인간을 포함하고 있는 자연을 지배하고 통제하려는 태도로부터 협조와 비폭력의 태도로 전환할 것을 주장한다.

그의 기본 주장에 대한 비판 중에서 대표적인 세 가지를 소개한다. 첫 번째는 오늘날의 과학적 사실들은 내일의 연구로 무효가 될 것이라는 주장이다. 이 주장은 확고한 것 같지만 과학적 연구의 본성에 대한 오해에서 비롯된 것이다. 그 주장은 과학에 절대적 진리가 없다는 점에서 옳다. 새로운 이론은 절대로 옛날의 이론을 무효로 만들지 못한다. 이전에 근사적이었던 이론을 개선할 뿐이다.

두 번째는 물리학자들과 신비주의자들은 두 개의 다른 세계에 대해서 말하고 있다는 주장이다. 그들에 따르면 물리학자들은 일상적 현상과 관련 없는 양자적 실제를 다루며, 반면에 신비주의자들은 거시적 현상, 즉 양자 세계와는 거의 관련이 없는 일상적인 세계의 사물들을 다룬다. 우선 우리는 양자적 실제가 거시현상과 전혀 무관한 것이 아니라는 사실을 알아야 한다. 예를 들어 일상세계에서 고체성은 특정한 양자효과의 직접적인 결과이다. 물리학자와 신비주의자들은 이 하나의 실재의 다른 양상들을 다룬다.

세 번째 비판은 물리학자와 신비주의자들이 실재를 다른 수준에서 다룬다는 것에 동의하지만, 신비주의자들이 다루는 수준은 더 낮은 수준의 물리적 현상을 포함하는 보다 높은 정신적 수준이긴 하나 물리적 수준은 정신적인 것을 포함하지 않는다는 주장이다. 하나의 수준은 높고 하나의 수준은 낮다고 말하는 것은 그물로 비유하지 않고 건물로 비유하던 옛날 패러다임 사고의 유물이다. 그러나 필자는 물리학이 생명, 마음, 의식, 정신, 등과 같이 실재의 다른 수준들에 대해서는 아무 말도 하지 않는다는 데는 동의한다. 물리학은 그런 수준들에 대해서 아무 말도 하지 않지만, 과학은 그렇지 않다.

과학의 새로운 패러다임은 지난 수십 년간 사이버네틱스에서부터 나타났던 살아있는 자기 조직화 시스템 이론에서 가장 적절한 모습을 찾을 수 있다고 믿어진다. 프리고진, 베이트슨, 마투라나, 바렐라 등은 이 이론에 주도적인 공헌을 한 사람들이다.

그것은 살아있는 유기체, 사회체제, 생태계 등에 적용될 뿐만 아니라, 생명, 마음, 물질, 진화 등에 대한 하나의 통합된 관점으로 이끌 수 있는 이론이다. 이런 시스템들에 대한 접근은 물리학과 신비주의 사이의 유사점들을 확증시켜주며, 자유의지의 개념, 삶과 죽음의 개념, 마음의 본성 등과 같이 물리학의 수준을 넘어서는 다른 것들을 추가한다. 그리고 이들 사이에는 심오한 조화가 있다.

지금까지의 서양철학과 과학은 지나칠 정도로 남성 중심적이며 관계보다는 성장을 중요시하였고 조화보다는 효율을 우선시하였다고 볼 수 있다. 그 결과로 오늘날 돌이킬 수 없을 정도로 환경오염과 이상기후, 그리고 대량파괴 무기인 핵탄두를 만들어 서로 위협하는 상황까지 와 있다.

현재의 인류는 브레이크 없는 자동차를 탄 느낌으로 하루하루를 살아가고 있는 듯하다. 모두가 잘못된 것을 알고는 있지만 멈출 방법을 모른다. 저자는 비극적 미래를 경고하기 위해 물질문명과 자본주의를 비판하고 신과학운동이나 환경운동을 제안하지만 이런 것들이 각 나라의 내셔널리즘 앞에서 눈 녹듯 사라지는 현실을 자주 본다. 인간은 자신을 파멸의 길에서 구할 수 있을까? 최후의 보루인 교육에서 답을 구해야 할 것이다. 후대에 올바른 정신과 이성적 판단력을 전달해야 한다.

생(生)과 사(死)는 운명적 요소

4장 생(生)과 사(死)는 운명적 요소

'나는 죽음과 상관없다'는 생각은 느림의 철학을 전적으로 배제하고 욕망 충족을 위해서 정신없이 어디론가 달려가는 일상성의 산물이다. 하루에 단 5분이라도 나와 타인과 우리를 그리고 삶과 죽음을 반성할 수 있는 사색의 시간과 여유를 가진다면 나는 '죽음과 상관없다'가 아니라 '죽음은 본래부터 나의 것이다'라는 소리가 나의 심연에서 잔잔히 울려 퍼지는 것을 들을 수 있을 것이다.

죽음에 관한 문제는 생과 사에 관한 문제이다. 죽음의 문제와 삶의 문제는 동전의 양면과 같은 것이며, 이 점에서 생사대사(生死大事)를 강조하는 대승불교가 유가보다는 더 종교적인 깊은 의미를 지닌다. 그렇기 때문에 고대 유가에서 송·명 유학으로 발전해 오면서 대승불교의 도전과 충격에 직면하게 되었으며, 생사 문제를 주제로 삼아 유가 자신의 궁극적인 관심을 더욱 깊이 있게 변화시킨다. 이렇게 생사의 문제로 깊이 있게 전환해야만 비로소 종교가 구도하는 참된 의의를 깨닫게 된다는 것이다. 그러나 세속적인 가치들이 원만하게 해결된다고 하더라도 각 실존 주체가 생명을 맡길 수 있는 안식처를 제공해 주리라는 보장은 없다.

삶과 죽음의 문제가 영원히 존재하는 한 우리의 종교적 추구도 끊임없이 계속될 것이고, 이것이 바로 영적인 종교의 운명이다. 반종교론자인 프로이트, 마르크스 등은 자신들의 사유의 제한 때문에 세속적인 생명의 차원에 머무를 수밖에 없어서 근본적으로 궁극적 관심이나 궁극적 진리에 관여하는 종교적 구도의 정신적 의의를 체험할 수 없다. 종교는 결코 계급의 소멸에 따라 소멸하지 않는다는 점을 간과하였다. 기독교의 궁극적 관심은 어떻게 속죄하여 영생을 얻을 것인가? 불교는 어떻게 미혹에서 벗어나 깨달음을 얻을 수 있는가? 즉 삶과 죽음의 지혜를 어떻게 건립할 것인가에 두어 마침내 근본적인 무명에서 철저하게 벗어나게 된다. 힌두교와 전통불교는 생사윤회로부터 철저한 해탈에 궁극적인 관심을 두었다.

유가는 비록 일반적 의미에서 종교는 아니지만 강렬한 종교성을 지닌다. 공자는 도가 없음을 걱정하지, 가난을 걱정하지 않는다. 맹자는 일생의 근심이 있을 뿐, 일상적 근심은 없다. 증자는 여기서 걱정 근심의 대상인 도는 다름 아닌 인도(仁道), 천도(天道)로서 유교 특유의 안신입명(安身立命)의 도이다.

유가의 도에 대한 근심은 삶과 죽음에 대한 문제와 태도가 녹아 있어서 세계의 종교와 궤를 같이한다고 말할 수 있다. 장자로 대표되는 도가나 선종의 궁극적 관심도 역시 시종일관 삶과 죽음의 경계를 철저히 허물어뜨릴 것을 강조한다.

궁극적 진실은 고도의 정신성이나 종교성이 형성되는 본원적 근거로서 영원성, 절대성 등의 성질을 지닌다. 기독교의 하나님과 천국, 힌두교의 브라만과 아트만, 대승불교의 일체법공(一切法空), 제법실상(諸法實相), 유가의 천명(天命), 천도(天道), 도가의 상도(常道)와 무명(無名)의 도(道) 등이 있다.

일단 종교나 철학의 탐구를 통해 궁극적인 진실을 찾게 되면 바로 인생의 궁극적인 목표가 세워지게 된다. 이 궁극적인 목표는 기독교에서는 영생천국이고, 힌두교에서는 윤회로부터의 해방을 통한 신과의 합일이며, 불교에서는 열반 해탈이다. 그리고 도가에서는 도와 하나가 되는 것이고, 유가에서는 천도의 실현과 자신의 안신입명이다.

궁극적인 목표의 기본적 근거나 소망은 거의 비슷한데 그것은 바로 죽음의 정신적 극복이나 생사 문제의 철저한 해결이다.

목표를 설정한 뒤 그 목표를 달성하기 위한 의무를 스스로 짊어지고 완전히 자신을 헌신하려는 종교적 소망이 생겨나서 결국은 삶이나 죽음에 대한 태도나 생활방식이 철저히 변하는데, 이것을 새로운 삶의 전기, 인생의 전환점 등으로 일컫는다.

다른 표현으로 의무감을 가지고 헌신한 사람은 자신의 인격을 변화시킬 수 있는 정신적 힘을 지니며, 대승불교에서 보통 사람이 보살이 되기를, 유가에서는 소인이 군자가 되고, 기독교에서는 예수를 따라 십자가를 지고 박애와 선행을 한다. 재미있는 것은 공산주의도 종교로 오해받는다는 점이다. 문화대혁명 시절 모택동을 신봉하던 홍위병이 종교적 광신자와 다른 점은, 즉 종교가 아닌 점은 그들의 궁극적 목표가 세속적인 정치적, 사회적 개혁에만 머물러서 종교적인 삶과 죽음의 문제와 전혀 상관이 없었기 때문이다.

힌두교, 기독교 등 타 종교와 비교하여 불교는 생사 문제에 대하여 몇 가지 뛰어난 점을 보인다.

첫째, 오직 불교만이 시종일관 생사대사를 종교가 마땅히 관심을 기울여야 하는 첫 번째 과제로 삼았으며 계시나 전통 등 외부의 힘에 의지하지 않고 완전히 자신의 체험과 내성 공부에 의지하여 심성의 함양, 통찰 등 내면적인 정신으로 생사 현상을 세상의 이치를 관찰하여 해탈의 길을 발견하게 된다.

둘째, 불교는 전반적인 다층, 원근관 방식을 취하여 문제를 분석하고 사물을 관찰하여 진리를 깨닫고 다양한 단계의 종교나 철학적 진리를 형성하여 독단에서 벗어나 개방적이고 융통성을 갖추어 타 종교와 대화가 쉽게 이루어진다. 그리고 자기 개선도 가능하다.

셋째, 불교는 이론과 실천의 일치를 추구하여 마음속에서 참으로 체득했는가 아닌가를 생사대사에 관한 종교적 진리의 준칙으로 삼는다.

인간에게 출생과 죽음은 선택권이 없는 운명적 요소가 많아서 운칠기삼이라는 속담이 적용된다고 본다. 각종 재난과 사고에서 운이 좋아 살아나기도 하고 운이 나빠 죽기도 하는 것을 우리는 일상생활 속에서 너무도 많이 접한다. 이럴 때 인간은 '신을 떠올릴 수밖에 없는 나약한 존재가 아닌가?'란 생각이 든다.

우리는 태어나 처음 죽음을 보거나 경험하면서 두려움과 공포심을 가질 수밖에 없다. 죽음을 처음 보거나 죽음에 무지하기 때문이다. 나도 20대 시절 해군에 입대하여 300명 동기 중 5명이 사망하는 것을 경험하였으며, 근무하는 곳에서 해군 생도가 입교하여 수영 훈련 도중 바닷물에서 안 나와서 죽는 것을 보았다. 그때 군대에서 들었던 말이 "군에서 죽으면 보상금이 군견보다 적다"는 말이었다. 그 후에도 수많은 지인의 죽음을 보았다. 천안함에서 피격 20년 전 한 달간 승선한 경험이 있으며, 직장 시절 삼풍백화점 앞 은행지점에 근무하며 사고 전날 지하에서 직원 2명과 점심으로 쫄면을 먹은 경험도 있다. 항상 죽음은 나와, 우리의 주변을 스쳐 지나간다. 우리는 신과 조상이 나를 지켜주는구나 믿으며 하루를 착하게 살려고 노력할 수밖에 없는 나약한 인간일 뿐이다. 그러나 우리는 모두 죽음을 겁내거나 두려워할 필요는 없다, 죽음도 출생과 같이 자연스러운 현상이기 때문에, 장자처럼 춤추고 노래하며 기쁘게 맞이할 일이다. 그러나 준비 안 된 천재지변으로 인한 사고사나, 돌연사, 객사는 조금 문제가 되고 슬픈 것은 사실이다. 그래서 그것은 굿이나 애도가 필요하다고 본다. 그런 면에서 모든 죽음 앞에서 장자의 주장은 적용 불가이다. 이렇듯 주변에서 죽음을 자주 경험해보니 처음과는 죽음에 대하는 느낌과 태도가 점점 변한다.

자연사와 자살의 느낌은 더욱 다르며, 선별적 안락사는 필요하다는 생각이 많이 든다. 현실적으로 법과 의료 현장의 판단 불일치에서 일어나는 부작용이 있을 수는 있겠지만 환자의 고통과 인간의 존엄성 유지 차원에서 향후 본인이 원한다면 본인의 주체적으로 결정한다면, 막을 수 없다고 생각된다.

생명은 영원하기에 삶과 죽음은 존재하지 않는다. 이 말은 지구상 모든 생명체는 삶과 죽음의 과정을 통하여 반복적으로 자신의 생명을 계속 유지하며 전달한다는 뜻으로 다가온다. 자연에서 꽃이 꽃을 피우고 진 다음에 씨를 만들어서 땅에 다시 떨어진 후에 겨울을 보내고, 봄에 다시 태어나 꽃을 피우며 계속 반복되는 것처럼, 우리가 죽음이라 부르는 것은 또한 태어나는 것과 같은 종류의 경험은 아닐까 하는 생각이 든다. 인간도 태어나 생로병사의 과정을 거치며 수많은 관계 속에서 지내다 자손을 낳고, 아니면 제자를 양성하며 지식과 기술, 사상을 전수한다. 그러면 그러한 것들이 계속 전파되고 전달되며 인간 생명이 유지되는 것으로 보인다.

그러나 시작이 탄생이라면, 그 끝은 죽음인데 우리는 탄생 이전을 알 수가 없다. 내가 어디서 어떻게 왔는지 반대로 죽음 이후도 모른다. 각 종교에서는 사후세계가 존재한다고 주장하기도 하지만 알 수가 없다. 따라서 탄생과 죽음은 상호모순 관계란 생각도 든다.

또한 우리는 탄생과 죽음을 선택할 수 없다는 점에서 운명적이라는 공통점이 있다. 그러나 이점은 분명한 사실이다. 우리 조상과 부모님들이 돌아가시기 전에 유언하는 경우를 예를 들어보면 인간이 살다가 어느 날 죽으면 육체는 사라진다. 그러나 그 유언과 부모님과 함께했던 추억, 기억, 경험, 유언, 생활방식, 습관 등 모든 정신적 가치들이 살아있는 가족과 관계를 맺었던 주변 사람들의 기억 속에 남아 있다. 그리고 계속 회자하고 가족과 후손의 머릿속에 저장되어 다음 후손에게 계속 전달되기도 하며, 책을 통하여 사상이 전해지고, 다른 유품, 도구 등도 계속 후손에게 전달되어 함께했던 추억들과 기억들이 전수된다.

나의 경우도 55년 전 조부가 볏짚을 사용하여 손으로 만든 동가리(물건을 담는 커다란 물건), 그리고 조모가 사용한 숯불화로를 지금 간직하며 수십 년 전 어릴 때 함께한 기억을 가끔 회상한다. 이렇듯 인간은 죽음으로 육체는 무(無)가 되어도 그것으로 끝이 아니다. 살아있을 때 관계 맺은 주변 인간의 기억 속에 생존 당시의 모습과 기억들이 살아있다. 죽어서 모든 것이 끝난 것이 아니고 의미가 있고 관계 맺었던 주변인들에게 계속 영향을 주고 있다. 자살은 우울증과 안락사 이외에는 해서는 안 된다는 생각도 든다. 물론 정치적 주장과 항거의 이유로 분신, 단식하며 자살하는 것은 인간만이 할 수 있는 주체적 선택이고, 본인의 강력한 선택이라는 점에서 찬·반 논의가 있을 수 있다고 본다.

우리 인간은 무조건 언젠가는 운명적으로 죽는다. 그리고 우리는 죽음을 탄생과 같이 운명으로 생각하면, 내가 죽은 후 남겨질 나의 모습을 먼저 예상할 수가 있다. 그렇다면 매 순간 현재의 일상생활에서 최선을 다해서 살아야 할 의무가 있지 않을까?

그러면 일상의 하루하루가 피곤하더라도, 우리는 하루하루를 보람을 느끼며 남은 삶을 알차게 살아갈 수 있지 않을까?

죽음은 '수면' 같은 것

5장 죽음은 '수면' 같은 것

Death And Dying In The Analects Philip J. Ivanhoe "Mortality In Traditional Chinese Thought", State University Of New York Press.

필립 아이반호는 위 논문에서 현대 심리학은 죽음에 대한 인간의 반응이 부정의 한 형태라고 주장하는 경향이 있다고 한다. 이 견해에 따르면 죽음의 위협은 우리 모든 개인의 자아를 압도하여 우리 자신을 속이고 죽음이라는 명백한 사실을 잊어버리도록 작용한다.

초기 유교 전통의 독특한 특징은 죽음이 어떻게 생겨났는지에 대한 설명이 없으며, 이 세계 자체가 언제, 어떻게, 생겨났는지에 대한 설명이 없다는 점이다. 초기 유학자들은 죽음의 본질이나 기원에 대하여 궁금해하는 것보다는 그들은 질서가 있고 의미 있는 고귀한 삶에서 죽음과 그에 대한 우리의 반응과 대응이 어떤 위치를 차지하는지를 이해하는데 더 많은 관심을 가졌다. 저자는 논어에 나타난 공자의 죽음과 임종에 관한 견해를 살펴본 결과 공자는 육체적 죽음은 개인적 의식의 종말이라는 견해를 가지고 있었다고 생각된다. 즉 공자는 죽음 이후 개인의 생존에 대한 강한 믿음을 갖고 있지는 않았다.

삶과 죽음에 관한 생생진담

여기서 공자가 죽음을 두려워했는지 괴로워했는지 살펴보면 공자는 불치의 병에 대하여 혼란스러워한다. 공자가 제자인 안회의 죽음에 대해 혼란스러워하고 괴로워한 이유는 첫째, 젊은이의 죽음과 관련이 있다. 둘째, 이 젊은이들은 도덕적으로 선(善)했고 도(道)에 따른 삶을 영위했다. 셋째, 그들은 갑자기 질병으로 죽었다. 이들의 삶이 비극적으로 끝났기에, 당시 교양있는 사람들조차도 불안하고 충격적인 사건이었다. 공자는 자기 수양을 거부하는 사람은 차라리 죽는 것이 낫다는 암시까지 한다. 이런 훌륭한 젊은이들의 죽음에 특별한 윤리적 의미가 없다는 사실을 명심해야 한다는 것이다.

모든 선한 사람들은 도를 위해 위험을 감수하고, 심지어 목숨까지 희생할 준비가 되어 있어야 한다. 그리고 모든 사람은 도를 수호하기 위해 가장 큰 대가를 치른 윤리적 영웅들, 예를 들어 수양산에서 굶어 죽은 백이, 숙제와 같은 형제들처럼 이들에게는 특별한 경외심과 존경심을 가지고 추모해야 한다. 이런 관점에서는 잘사는 삶의 구성 요소에는 기꺼이 죽을 수 있는 원칙과 이상, 가치를 갖는다는 생각이 내포되어 있다. 그런 원칙과 이상 그리고 가치관이 없는 사람은 더 오래, 더 즐겁게 살 수 있지만 그러한 삶에는 특별한 존엄성, 헌신, 명예가 빠져 있다는 것이다.

도덕적으로 헌신적인 삶을 살다가 죽음에 이른다면 모든 죽음과 마찬가지로 슬픔의 원인이 되지만 과도한 슬픔을 느낄 필요는 없다. 왜냐하면 한평생을 살아온 선한 사람의 죽음과 마찬가지로 그러한 삶은 인간의 운명에서 가장 중요한 윤리적 부분을 충족시키는 것이며, 이 점에서 적절하고 타당한 것이기 때문이다. 그러나 촉망받던 청년이 질병이나 사고와 같은 재난으로 사망하는 경우는 전혀 다른 경우로, 인간으로서의 진정한 운명을 완수할 기회를 박탈당하는 것이다. 이런 경우는 정말 비극이며 공자가 자신의 젊은 제자 안회의 죽음에 대해 과도한 슬픔을 표하는 것을 볼 수 있다.

죽음이 나쁜 것은 우리가 지금 가지고 있는 것과 아직 합리적으로 가질 수 있는 것을 잃게 된다는 것이다. 죽음이 우리에게 주는 의미를 이해한다는 것은 죽음이 우리에게 무엇을 빼앗아 가는지를 이해하는 것이다. 일반적으로 죽음은 우리에게 삶과 삶을 살아갈 가치가 있게 하는 다양한 것들을 박탈한다. 이것은 죽음을 이해하려면 적어도 삶의 의미를 이해해야 한다는 것을 의미한다. 삶이 실제로 무엇인지 이해하면 죽음의 의미를 이해하는 데 필요한 정보를 얻을 수 있다는 것이다. 그리고 죽는다면 무엇을 위해 죽을 가치가 있는가와 같은 보다 구체적인 질문에 답하는 데 도움이 될 것이다. 공자에 따르면 설령 심하게 무질서한 시대에 살고 있다고 하더라도 미래의 유토피아나 보상이 아니라 당면한 현실의 과제에 집중해야 한다고 한다. 저자는 유교의 도(道)는 실제 인간의 삶 속에서 실현되고 실현될 때만 소중하다(논어, 15.29)는 것이다. 인간은 도를 채울 수 있다. 도가 인간을 채울 수는 없다(논어, 15.28).

공자는 더 밝은 미래를 희망하고 노력하지만 그렇다고 해서 일상을 놓치지 않는데, 그 이유는 더 나은 목표를 향한 유일한 길은 후자를 개선하고 완성하기 위한 지속적인 노력으로써만 가능하기 때문이다. 따라서 인간의 삶에 대한 공자의 이해는 죽음이라는 필연적인 결론에 대한 현실적이며, 인간적인 이해가 내포되어 있다는 사실은 당연한 사실로 다가온다 유교문화권에서는 인간은 살기 위해 태어나는 것이지, 죽기 위해 태어나는 것이 아닌 존재로 본다. 따라서 태어남이 먼저이기 때문에 삶에 충실하면 되는 것이다. 죽음은 삶의 결과이고 삶의 마지막 부분으로 보면 되는 것이다. 중국인들은 현실의 삶에 충실하며 내세의 삶과 죽음, 죽음 이후의 세계에는 관심을 두지 않는다는 사실을 알려주는 다음과 같은 일화가 있다.

어느 부잣집 아이의 돌잔치에서 "이 아이는 장수할 것입니다." 혹은 "이 아이는 성장하여 벼슬을 할 상입니다"라고 주인에게 축하 인사를 한 손님들은 커다란 선물과 대접을 받았다. 하지만 "이 아이는 언젠가 죽을 겁니다"라고 사실을 말한 손님은 주인으로부터 문전 박대를 당하고 쫓겨났다는 얘기이다.

유교문화권에서는 이 일화가 지금도 통할 것이다. 죽음을 부정적으로 보는 시각이 존재하기 때문이다. 그러나 한편으로 생각해보면 죽음이라는 명백한 사실에 대하여 우리는 '하루에 오 분이라도 생각할 시간을 가져본 적이 있는지 반문'해 보지 않을 수 없다. 죽음이 부정적이고 나쁜 것은 갑자기 내 삶의 모든 것을 빼앗아가기 때문이다. 죽음에 대해 생각하면 할수록 본인의 삶에 대하여 생각할 수밖에 없다. 한 번뿐인 인생 어떻게 살아야 하나? 그리고 어차피 죽는 것도 당연한 인생의 필연적 과정이기 때문에 죽을 때는 즐겁게 죽어야 하는데 어떻게 죽을 것인가에 대하여 생각해야만 하는 것이다. 그래서 우리는 살아있을 때 죽음을 생각하며 대비해야 한다. 또한 이러한 사실이 삶과 죽음이 연결된 이유이다.

우리는 주변에서 타인의 삶과 죽음을 보면서 직접 느끼기도 하지만, 반대로 간접적으로도 많은 경험을 얻을 수 있다. 필자는 그런 예를 헬렌 니어링이 1992년에 출판한 소설 〈아름다운 인생의 사랑과 고별〉이란 책에서 많은 영감을 얻었다. 그들의 오두막집을 방문한 사람들은 '왜 그들의 저작 속에서 종교를 언급하지 않는지?' 혹은 스콧 니어링에게 '하나님을 믿느냐'고 묻거나, 혹은 전도를 하려는 사람들도 있었다고 한다. 스콧은 97세 때인 1980년 호기심 많은 한 방문객의 물음에 대해 "하나님을 믿느냐고 나에게 묻기 전에 하나님이 무엇을 의미하는지 먼저 나에게 말해야 한다"고 말하면서 "당신이 말하는 하나님은 무엇을 뜻합니까?" 되묻는다.

"우리 모두를 결합하는 힘(사랑)의 정신이다"라고 하는 방문자의 대답에 당신의 정의에 공감한다고 말하면서, 스콧 니어링은 "당신의 하나님에 관한 정의에서 '우리'라는 단어를 빼고 '일체 만물'이란 단어로 바꾸어야 한다. 왜냐하면 당신이 말한 정의는 우리 인류에게만 해당하기 때문이다"라고 말하였다. 스콧 니어링 부부는 "우주의 본모습은 모든 것을 보듬고 있는 것"이라고 믿었다. 따라서 "하나님은 모든 것이라고 정의할 수 있다"고 말한다. 니어링 부부는 일종의 범신론이나 도가의 무위자연(無爲自然)과 같은 고도의 정신적인 그 무엇을 인정하는 것이다. 그들은 죽음은 일종의 과정이지 생명의 끝이 아니며 삶과 죽음은 두 생명의 영역에서의 출구와 입구라고 여겼다. 우리는 죽음이 다가올 것을 알고 있으며 죽음을 기다리고 있다. 하루의 일과가 끝나면 밤이 찾아와 수면의 축복이 다가오듯 죽음은 아마도 더 큰 하루의 시작일 것이다. 깊은 잠에 빠지면 우리는 아무런 기억이 없다. 죽음도 이와 비슷하지 않을까?

스콧 니어링은 죽기 전 다음과 같은 비망록을 남긴다.

"죽음이 닥치면 되도록 빨리 죽고 싶소. 그러니 여러 응급조치를 하지 마시오, 모두 비통함을 표시하지 않기를 바라오. 내 침상의 주위 사람들이 안정과 존엄을 유지한 채 이해와 즐거운 마음으로 평안하게 죽음의 체험을 함께 나누길 희망하오! 할 수 있는 한 삶에 최선을 다하고 즐거운 마음으로 희망을 간직한 채 이 세상을 떠나고 싶소! 죽은 뒤에는 친구들이 평상시의 작업복을 입힌 채 나의 시신을 소박한 나무관에 넣기를 바라오! 관에 아무 장식도 하지 마시오. 화장터에서 화장 후 장례식은 하지 말고, 종교계 인사들이 집전하는 것은 원하지 않고 화장 후에는 가족이나 친구들의 손에 의해 우리 집 나무 아래 뿌려지길 희망하오! 나는 지금 맑은 정신으로 이상과 같이 요청합니다. 부디 나의 요청을 존중해 주십시오!"

백 세 생일 한 달 전 스콧은 이제부터 아무것도 먹지 않겠다고 주위 사람에게 선언 후 마실 것 이외는 아무것도 손대지 않았다. 그는 계획적으로 자신의 아름다운 인생과 이별할 시간과 방식을 선택한 것이다. 백 세 생일이 지나서 보름 후 스콧은 호흡을 멈추고 "모든 것이… 좋아"라며 마지막 숨을 거둔다. 스콧의 죽음과 장례식 유언을 읽으며 공자와 장자의 죽음에 대한 태도와 비슷한 모습이 연상되었다. 죽음 앞에서 여유로움과 초월 그리고 인생에 대해 당당함을 본다. 인생은 이렇게 살아야 한다는 귀감이 되는 모습을 본다. 그러나 스콧은 선택적 죽음이 아닌, 더 살아서 더 좋은 삶의 신기록을 남기고 갔어도 되었을 건강한 육체를 가지고 있었는데 왜 곡기를 일찍 끊고 단식을 통하여 선택적 죽음이라는 일종의 자살을 했을까 하는 아쉬움과 의문이 남는다.

　나의 어릴 적 기억에 조부의 임종기억이 남아 있다. 임종 3일 전 조부는 고향의 산속 밭에 다녀오신 후, 당신이 표시한 장소에 묘를 쓰라 하시고 돌아가셨다. 가서 보니 그곳은 곡식을 농사지을 수 없는 쓸모없는 땅에 말뚝을 4개 박아서 표시하여 놓았다. 후손은 그 유언을 지키지 못하고 양지바르고 전망 좋은 곳에다가 묘를 조성하여 모신 기억이 난다.

　이와 같이 인간의 죽음은 끝이 아닌 후손과 주변 관계인들에게 계속 회자하면서 사상과 추억이 전달되고 전파되기 때문에 인간의 죽음은 이 세상과 단절이 아니며 지속해서 연결되는 정신적 삶의 연속이란 생각이다. 물론 육체적으로는 자신의 DNA를 후대에 전달하고 떠난다. 우리는 아침에 일어나 눈을 뜨고 '아! 아직 나는 살아있구나!' 라는 이런 느낌이 없다면 나는 영면한 것, 죽은 것이 아닐까? 물론 죽음은 아무도 알 수가 없는 미지의 영역이다.

어떻게 살아야 할 것인가?

6장 어떻게 살아야 할 것인가?

　자신의 아끼던 제자인 안회의 갑작스런 죽음 앞에서, 공자는 큰소리로 통곡을 하였고, 장자는 부인의 죽음 앞에서 춤을 추었다고 한다. 인간이 죽음 앞에서 소리 내 울면서 슬픔을 표현하고 눈물을 흘리는 이유는 공포심과 두려움을 완화하기 위해 고안한 수단이며, 생명을 향한 또 다른 인간의 애착이다. '삶도 모르는데 죽음을 어찌 알겠는가?'라는 유가의 생명 철학은 삶과 죽음의 수수께끼를 풀어내지는 못하였다고 한다. 왜냐하면 유가는 이러한 문제를 해결하려는 시도 자체를 반대하기 때문이다.

　그러나 분명한 것은 이런 주장이 죽음에 대한 중국인의 모든 정서를 표현하는 것은 아니라는 점이다. 그들 또한 마지막 순간에는 어쩔 수 없이 죽음을 직시해야 하기 때문이다. 죽음에 대한 두려움은 몇 마디의 교훈이나 구호로 간단히 해소할 수 있는 것이 아니므로 두려움을 완화할 수 있는 수단을 찾아야 하며, 그렇지 못한다면 심리적 압박을 느낄 것이다. 중용의 도를 강조하는 유가는 이러한 수단을 생활의 실천에서 찾아내었는데 그것은 바로 '죽음을 슬퍼하는 것'이었다.

　죽음을 슬퍼하는 애사(哀死) 체험은 죽음에 대한 두려움을 특수하게 체험하는 것으로 서양의 생명 철학이 보여 준 죽음에 대한 두려움과는 차이점을 가진다. 그것은 아주 강렬한 심리체험이며 삶의 의지이다. 애사는 죽음이 조성한 세속생활의 즐거움이 사라지는 데 대한 애상이며, 그것이 나타내는 것은 현실에 대한 집착이다. 그러므로 애사의 태도는 의연히 인생을 긍정하고 삶의 즐거움을 인정한다, 즉 하나님이나 외재적인 초월자를 찾아내어 의지하지 않고 현실의 세속적 생활에 매달려 그 속에서 죽음의 애상을 풀어 버리는 것이다.

유가에서 말하는 애사의 기본원리를 아주 정확하게 표현한 것은 '죽음을 슬퍼하는 것과 죽음을 두려워하는 것은 사람과 금수 간의 커다란 차이'라는 것이다(周易外傳).

중국인들은 평소 이지적이고 근엄한 생활 태도로 이름난 민족이지만 상을 당했을 때 억눌렸던 감정들이 슬픔을 표현하는 곡소리와 눈물을 통하여 마음껏 표출된다. 장례에서 이러한 눈물과 곡소리를 숭배하는 전통은 공자에서 시작되었다고 한다. 민간에서는 초상이 났을 때 상주를 대신하여 울어주는 것을 전문직업으로 삼는 사람이 생길 정도였다.

중국인의 또 다른 특징은 생명에 대한 집착이며 이는 무조건 참는 태도에서 잘 나타난다. 당대의 장공예는 9대가 한집안에 살면서 화목하게 지내기에 당 고종이 그 방법을 묻자 그는 "참을 인(忍) 자를 백번이나 썼다. 참는 것이 바로 그 비방이었다"고 말한다. 한 대(漢代) 말기의 문인들도 현실에 과감하게 항생하였으나 결국 수백 명의 인재가 참혹하게 살해당하는 파멸의 재난을 당했다. 그래서 '훌륭한 선비는 마음을 감추고, 보통의 선비는 입을 다물며, 못난 선비는 문을 닫는다'는 오랜 인내의 교훈은 현실에 대하여 어찌할 수 없다는 인식에 기인한 것이다. 엄밀히 말해서 중국의 문인들은 '참는 것' 말고는 할 수 있는 일이 없었다. 이런 의미에서 자살은 개체 생명의 비극이며 헛된 희생으로 보일 수 있지만, 삶의 희생을 감수하면서 그저 되는대로 세월을 흘려보내는 것 역시 하나의 비극이다.

역사상 가장 적극적으로 사회적 가치와 의미를 가진 생명의 초월은 유가의 공(功), 덕(德), 언(言), 세 가지 불멸의 가치 신념이다. 유교 생명 철학의 기본 특징은 생명의 사회적 가치를 생명 존재의 의미로 하여, 사람들에게 생존의 주의력을 수신, 제가, 치국, 평천하라는 현실 사회 가치를 창조하는 데 집중할 것을 요구한다는 점이다. 이런 사회적 가치의 창조와 건립이 비교적 높은 경지에 도달하여 정신적으로 후인들에게 큰 영향을 남긴다면 그 사람의 존재는 불멸할 수 있다. 그래서 "가장 높은 것은 덕을 세우는 데 있고, 다음으로 공을 세우는 데 있으며, 그다음에는 말(言)을 세우는 데 있다. 오랜 시간이 지났다고 하더라도 없어지지 않으면, 이것을 불멸이라고 한다."(左傳)라고 하였다. 생명의 영원한 의미는 바로 덕과 공과 말의 영원한 정신적 영향력에 있는 것이다.

철학은 바로 '죽음을 배우는 것'이라고 소크라테스, 몽테뉴, 야스퍼스가 말한 바 있다. 예술과 마찬가지로 철학 역시 죽음을 초월하는 차원 높은 길이다. 천인합일은 중국 전통철학의 가장 높은 경지이다. 이는 생명 존재의 영원한 가치토대에 대한 깨달음이다. 그런데 개체의 생명은 매우 짧다. 천인합일의 의미는 철학자가 자신의 신념을 통하여 자신의 가치추구를 우주의 영원한 가치 기초위에 안정시킴으로써 순간적으로 개체 생명과 우주 생명 본체 사이에 밀접한 관계를 맺고 있는 영원한 경지를 체험하는 것이다. 유가에서 말하는 천인합일에는 두 가지 의미가 있다. 하나는 천과 사람이 서로 감응하는 천인 동체이다. 다른 하나는 천지와 같이 동참하는 식의 도덕적 경지이다. 유가의 관점에서는 인도와 천도는 모두 하나의 도이다. 이와 관련하여 맹자는 "그 마음을 다하는 사람은 그 본성을 알게 될 것이다. 그 본성을 아는 것은 곧 천을 아는 것이다"(孟子, 盡心)라고 하였고, 정이는 "어찌 인도(人道)를 알면서 천도(天道)를 모르는 사람이 있겠는가?"(二程遺錄, 권18)라고 하였다.

우리는 인생의 불멸을 추구할 수는 없다. 주어진 삶을 살다가 미래의 어느 날 인간은 모두 죽는다. 정확히 말하면 육체는 땅속으로, 화장터로, 바다로, 강으로, 나무 밑으로, 하늘로 우주로 미지의 세계로 사라진다. 여기서 문제는 우리가 남긴 삶의 흔적들인 말, 기록물, 비석, 저서 등은 남아서 살아있는 사람들의 실생활에 영향을 주며 함께 존재한다는 것이다. 즉 육체는 사라졌지만, 죽은 자의 정신은 살아있을 때와 거의 같은 역할을 하는 것이다. 모습만 보이지 않을 뿐이다. 이러한 사실을 예견한다면 우리의 죽음에 대한 태도와 삶에 대한 태도는 달라질 수밖에 없다. 현재의 삶에 충실히 하는 것이 차곡히 쌓이면 결국 인생 자체가 충실해질 것이라고 여겨진다.

죽음이 임박해서 우리는 "후회 없는 삶을 살았노라, 후손들아! 잘 살아라, 나 먼저 간다. 후손들아! 행복하게 잘 살아라!" 이것이 모든 인간의 지구에서의 마무리 인사가 아닐까? 오늘도 지구 어디선가 죽어가는 많은 인간들은 '어디로 가는가?'라는 자연스러운 의문을 품는다. 삶과 죽음의 순환 고리는 분명히 있는데, 눈에 보이지 않을 수 있다는 생각이 불현듯 스친다. 우리는 현대를 살아가며 심각한 생존의 위기와 삶의 위기를 겪는다. 아무도 나를 책임져 주지 않는 시대이다. 밀림 속에 나 혼자 고립되었을 경우를 상상하며 용기를 가져야 한다. 요즘 인간들은 도심에서 멧돼지, 들개를 만나 물려 죽기도 한다. 그러나 정신을 차리면 살 방법은 있다. 미리 정신을 잃고 겁을 먹기 때문에, 즉 포기하기 때문에 죽는 것이다. 현실의 삶에서는 살아나가는 용기와 자신감이 필요한 시기이며 그러려면 평소 삶과 죽음에 대한 사색의 시간과 각오가 필요하다.

이런 위기를 어떻게 초월하고 극복해 낼 것인가가 중요한 문제로 다가온다. 자신의 생존과 보람된 삶을 위해 가치와 의미를 창조할 용기와 자신감이 있어야 한다. 유가에서처럼 장수해서 더 살아야 가치 있고 의미 있는 일을 할 기회가 많아지지 않을까?

삶과 죽음에 관한 생생진담

산다는 것은,
죽음 앞에서도 스마일이다

: 현대판 별주부전

GVITAV
KLIMT

7장 산다는 것은, 죽음 앞에서도 스마일이다

- 현대판 별주부전 -

　이 글은 나가 2023년 초 우연한 기회에 우리의 전래동화를 현대적으로 각색해서 쓴 희극이다. 우리 전통의 구전동화인 소설 별주부전을 현대식으로 각색하였다. 아무런 생각 없이 쓴 코믹한 글이기에, 독자분들은 아무런 사유하지 말고 읽으며 그저 웃기를 바란다. 지금까지 '죽음'이라는 무거운 주제를 논하였기에, 몸과 마음이 힘들 수도 있어 이 책의 중간지점인 지금 잠시 휴식하며 웃도록 여기에 실었다.

　이 글을 저술하면서 화제가 된 다음의 말이 생각나 인용한다.
　2024년 11월에 명태균의 국정 농단게이트와 관련하여, 그의 정치 관련 여러 코멘트 중에서 '별주부전'이 아래와 같이 언급되었다.

"토끼와 거북이가 육지에서 달리기 경주를 하면 당연히 토끼가 이기지만, 그러나 장소를 변경하여 물에서 달리기 시합을 한다면 거북이가 이길 수 있다. 정치판도 이처럼 판을 바꾸면 불리한 후보가 선거에서 이길 수 있다."

〈현대판 별주부전〉 (*鼈: 별, 자라 / 主簿: 주부, 정 6품 벼슬)

자라와 토끼의 결혼 이야기

아주 오래전 옛날 옛적에 동해 용왕이 동해바다 속에 궁궐을 짓고 살고 있었습니다. 어느 날 용왕이 갑자기 몸이 아파서 동해에서 제일 명성이 자자하고, 의료시설이 좋은 '동해바다 용궁종합병원'에 긴급연락을 하여 용왕의 주치의 겸 병원장인 '대머리 의사 대왕문어 원장'을 용궁으로 긴급 호출하였습니다.

대왕문어 원장은 용왕의 호출을 받으며 사실은 왕의 증상에 대한 원인과 치료법을 이미 알고 있었습니다. 그 이유는 용왕이 요즘 쉬지 않고, 매일 술을 자주 마시는 사이에 몸이 피곤하고 졸리며 기력이 떨어졌다는 사실을, 용왕의 비서실장으로 근무하는 오랜 친구인 오징어실장으로부터 며칠 전에 들었기 때문입니다. 당시에 그 증상에 대한 치료법은 용궁에서도 이미 널리 알려져 소개되어 있었습니다. 그 방법은 살아있는 큰 문어 한 마리를 삶아서 해삼, 전복과 혼합하여 연포탕을 해 먹으면 용왕의 증상인 피로, 무기력증이 바로 치료된다는 사실이었습니다.

그러나 용왕 앞에 간 주치의 대왕문어는 자신이 희생될 수는 없었기에, 올바른 치료방법을 숨기고, 육지에 사는 토끼 간을 구해 먹으면 바로 낫는다고 용왕에게 거짓으로 처방하였습니다. 그 이유는 주치의 문어 원장은 그래야 자신과 부인의 생명을 지킬 수 있다고 생각했습니다. 왜냐하면 당시 용왕은 겉으로만 인자한 용왕이었지, 실제로는 백성의 생명과 재산을 자기 것인 양 생각하며 군림하는 천하의 독재자라는 소문이 자자했기 때문입니다. 문어 원장은 용왕의 증상을 치료하는 데 문어가 탁월한 효과가 있다고 말했으면, 용왕의 포악한 성격상 용왕은 곧바로 그 자리에서 주치의인 대왕문어 자신을 연포탕 요리의 재료로 쓸 수 있기에, 미리 겁먹은 상황이었습니다. 주치의인 대왕문어는 이러한 사실을 미리 간파하고 용왕의 병은 원인 불명이라서 만병통치약인 육지에 사는 토끼의 생간을 먹어야만 병이 낫는다고 거짓 처방을 하였던 것입니다.

그리하여 출세를 원하는 주치의 대왕문어의 동생인 용왕 비서실장 오징어와, 현직 경호대장인 충직한 자라 별주부가 서로 육지에 사는 토끼를 잡아 오겠다고 자원하여, 경쟁한 끝에 용왕은 면접을 통하여 경호대장 자라가 토끼를 잡아 오도록 선발합니다. 자라는 토끼 초상화를 구해서 그것을 가지고 육지에 도착한 후에, 며칠간 수소문 끝에 시골 목화밭에서 토끼를 만났는데 주변의 하얀 목화 꽃이 토끼의 하얀 털과 어울려서 그런지 노총각 자라는 첫눈에 토끼의 외모에 반하게 됩니다.

자라는 노처녀인 토끼를 만나 육지 생활은 위험하다고 강조하면서, 동해 용궁에 가면 행복하게 잘 살 수 있다고 감언이설로 토끼를 유혹합니다. 당시에 토끼는 자신의 가죽을 노리는 인간 사냥꾼들과 하늘에서는 독수리,

땅에선 호랑이 등으로부터 매일매일 공격을 받으며 살기 위해 도망을 다니는 피곤한 삶을 살아가고 있었기에, 토끼는 목숨이라도 걸고 오징어 게임대회에 나가고 싶은 상황이었습니다. 그때 자라의 솔깃한 제안은 관심이 끌리는 제안이 아닐 수 없었습니다. 그러나 토끼는 갑자기 '이 세상에 공짜가 어디 있겠는가?'라는 의문이 들어 고민하다가 용궁에 가기로 약속한 하루 전날 별주부와 술 한잔하며 별주부에게 질문합니다.

"솔직하게 말해주세요…. 뭔가 다른 대가가 있는 거죠? 나에게 원하는 것이 무엇인지?"

별주부는 사실 토끼를 만난 지는 며칠 안 됐지만, 사랑의 감정을 느꼈기에 솔직하게 토끼에게 고백했습니다. 별주부는 동해 용왕의 위중함을 토끼에게 말하고, 치료 약인 토끼 간을 구하기 위해 육지에 왔다고 사실대로 고백한 다음 말했습니다.

"너의 간을 반만 떼어 달라… 그러면 용왕님이 큰 보상을 해줄 것이다. 그리고 너의 생명은… 내가 끝까지 책임진다."

그러나 토끼는 자라의 말에 확신이 가지 않아서 인생의 경험이 많은 친한 선배인 노루를 찾아가서 자문했습니다.

"간은 절반만 떼주어도 바로 회복되어 생명에는 지장이 없다고 하던데…; 토끼 네 간도 빨리 회복할 거야, 그러겠지…? 용왕이 회복되면 너에게 큰 보상이 있을 거라는데…; 설마 동해 용왕이 거짓말을 하겠어…"

토끼는 노루의 이런 말에 약간 안심이 되었습니다. 토끼는 노총각 자라의 유혹과 용왕의 금전적 보상을 기대하고 이판사판인 육지에서의 고단한 삶을 회피하고자 자라의 등에 업혀 용궁에 도착합니다. 그런데 용왕이 토끼를 보자마자 간을 내놓으라고 말하자 토끼는 놀라서 용왕에게 "사실 1년 전 모친에게 간이식을 하여 제 간이 제대로 다시 회복되어 커져 있는지 모르겠다"라고 말하며 "저의 간이 정상이면 제가 용왕님의 회복을 위해 기꺼이 제 간을 잘라서 드리지요"라고 순간 거짓말을 합니다.

그러자 용왕은 토끼가 요즘 보기 드문 효녀라고 칭찬하며 토끼의 말을 믿고 대왕문어 주치의에게 토끼를 해저 동해 용궁병원에 입원시켜서 간이식을 위한 정밀 진단을 하라고 명합니다. 그러는 동안 별주부는 용왕에게 토끼가 간을 제공하는 대가로 토끼에게 얼마를 보상해 줄지 슬쩍 물어봅니다. 그러나 동해 용왕의 대답은 별주부 자라가 보기에도 믿음이 가지 않았고 보상도 미미할 거란 예감이 들었습니다.

이에 며칠을 망설이다가 중대한 결심을 한 별주부 자라는 육지로의 망명을 계획하고, 이날 밤 몰래 토끼가 입원한 병원을 방문하여 지금까지의 진

삶과 죽음에 관한 생생진단

행 상황을 말해주며 토끼에게 병원에서의 탈출을 권유합니다. 토끼도 이제는 망설임 없이 별주부의 의견에 동의하고 둘은 육지로의 목숨을 건 사랑의 탈주를 감행하여 가까스로 육지에 도착합니다. 긴 탈출 여정에서 별주부 자라와 노처녀 토끼는 서로 더욱 정이 들었고 둘은 결혼하여 남해 바닷가에서 같이 살기로 합니다.

그리고 별주부 자라는 동해 용궁 탈출 전에 미리 동해 깊은 곳에서, 며칠 전에 러시아 보물선이 지나가다가 침몰했던 장소에서 수거한 금괴 2박스를 챙겨와서 그것으로 집과 필요한 물건을 마련합니다. 토끼는 그동안 피곤했던 쫓기는 삶을 마감하고 별주부 자라와 행복하게 아주 오래도록 잘 살았다는 이야기가 전해져 내려옵니다.

추후 소문에 의하면 주치의 문어 원장은 별주부와 토끼의 탈주 사건을 조사하던 용왕 비서실장인 오징어에게 허위 처방전 발급이 탄로가 나서 용왕의 노여움을 사고 처벌을 받아서 연포탕의 주인공이 되었다 합니다. 믿거나 말거나 입니다.

유가(儒家)에서 죽음이란 무엇인가?

8장 유가(儒家)에서 죽음이란 무엇인가?

Death As The Ultimate Concern In The Neo-Confucian Tradition/Wang

Yangming's Follows As An Example, Guoxiang Peng

이 논문을 살펴보면, 신 유교 전통에서 궁극적인 관심사로서의 죽음과 관련하여, 왕양명의 추종자인 유가 학자들은 불교, 도교, 서양철학의 전통에서 중요한 문제로 다루어져 온 죽음 문제를 간과한 채 삶의 가치와 의미에 큰 관심을 기울여 왔다. 명나라 중기 이전의 유교 문헌에서 죽음에 대한 문제는 상대적으로 소외된 것이 사실이다. 그 이유는 대부분 유학자가 죽음을 일상생활의 평범한 사건으로 취급하기 때문이다.

신 유교 전통에서 죽음은 궁극적인 관심사였다. 송나라 시대까지만 해도 공자의 태도를 따르는 유학자들은 기본적으로 죽음을 불가피한 자연스러운 현상으로 간주하고 큰 논의 없이 평화롭게 죽음을 맞이했다. '살아서는 관용하고 봉사한다. 죽어서도 나는 평화로울 것이다'라고 장자는 그의 유명한 저서인 서명(西銘)에서 말했다. 명나라 중후반기 도가 인식의 중심을 이루었다는 왕양명의 추종자들은 죽음에 대한 탐구를 불교와 도교의 전통에서만 속하는 것이 아니라 유교 전통의 본질적인 차원으로 이해하게 되었다고 주장한다.

　왕양명의 가장 뛰어난 제자 중 한 명인 왕이러(1498~1583)는 죽음 문제를 어떻게 해결할 것인가에 대한 질문은 유교 현자의 학문에서 필수적인 부분이어야 한다고 주장하였다. 왕양명은 이미 삶과 죽음에 대한 생각은 삶과 함께 뿌리를 내리고 생겨나기 때문에 제거하기가 매우 어렵다고 인정했다. 죽음에 대한 두려움은 인간의 본성일 뿐만 아니라 일반 사람들의 도를 추구하는 동기를 구성한다. 사람들이 죽음에 대한 두려움이 클수록 도를 추구하는 동기가 강해진다. 죽음에 대한 두려움이 유교 전통의 궁극적인 관심사의 필수적인 부분을 차지한다는 사실을 인정하면서 명나라 중후반의 상당수 유교 지식인들은 더 일반적으로 그런 사고방식을 부정하지 않았다. 오히려 죽음에 대한 두려움을 인정하기 시작했고, 이를 유교의 도를 추구하는 동기로 전환할 수 있는 중요한 내적 경험으로 여겼다. 이런 인식은 청하오 같은 송나라 유학자들이 주장한 견해와 모순되는 것처럼 보이나 이는 이런 유가 사상을 더욱 발전시킨 것으로 이해하여야 한다. 죽음에 대한 태도 즉 정신적 육체적으로 평온하게 죽음을 맞이할 수 있는지가 유교적 도의 최고 단계에 도달했는지를 측정하는 중요한 지표였음을 강력하게 암시한다.

　명나라 중후반 유교 전통에서 일어난 죽음에 관한 중요한 변화는 첫째, 죽음에 대한 명시적으로 이야기하는 것을 금기시하던 금기가 깨지고 죽음에 대한 관심이 당대 주요 유교 인들의 사이에서 주요 논의의 주제가 되었다. 둘째, 삶에 대한 욕망과 죽음에 대한 두려움은 일반적인 인간 본성의 표현일 뿐만 아니라 적절히 변형될 경우에 유교의 길을 추구하는 강력한 동기로 긍정적으로 평가되었다. 셋째, 정신적, 육체적 불만 없이 죽음에 직면할 수 있는지가 유교적 도를 따라 정신적으로 발전했는지를 평가하는 중요한 기준이 되었다.

삶과 죽음에 대한 관심은 불교와 도교 전통의 예리하고 오랜 초점이었으며 특히 불교는 죽음 분석에 풍부한 자료를 제공했다. 왕양명의 추종자들은 불교사상과 수행이 상호작용하고 융합되어 죽음에 대한 강력한 관심을 끌게 된 자연스러운 결과였다. 공자의 말은 죽음을 이해하는 올바른 방향은 삶에서 죽음으로 가는 것이지 죽음이란 무엇인가를 아는 것이 전제 조건이 되는 것이 아니라는 것을 간과하거나 그 반대로 말하지 않는다. 불교와 유교는 세속적 지향이 불교에 누적된 영향의 결과였고, 불교와 유교는 삶과 죽음에 대한 관점에서 수렴하고 있었다. 그러나 불교는 육도 윤회에 대한 믿음을 바탕으로 결국 사후세계에 대한 의지를 포기할 수 없었고, 여전히 이 세상의 고통의 심연을 벗어난 초월적 극락으로서의 정토를 기원하였다. 바로 이 지점에서 불교는 왕양명의 추종자들이 죽음으로부터 해탈을 추구했던 방식과 뚜렷한 대조를 이룬다.

불교와 유교의 차이점은 존재론적 대조에 있다. 존재론에 관한 유교의 입장은 실재론에 가깝지만, 불교의 입장은 정반대이다. 즉 전자는 有(존재)에 호소하는 반면 후자는 무(無) 또는 공(空)에 의존한다. 반대로 불교적 관점에서 죽음은 우리 삶을 구성하는 원인과 조건이 흩어지는 것을 의미한다. 삶은 영원한 실체가 없다. 삶의 본질로서의 공허함이 드러나는 것은 바로

삶과 죽음에 관한 생생진담

죽음을 통해서이다. 왕양명의 추종자들에게는 도덕적 자아의 표현인 선천적 지식은 실제로 시대를 초월해 절대 사라지지 않는다.

왕지가 말했듯이 그것은 거대한 우주와 동일시되며 만겁을 거쳐도 영원히 존재한다고 한다. 불교의 공(空)과는 근본적으로 다른 관점이다. 삶에서 죽음은 낮의 밤과 마찬가지로 종결이나 단절이 아니라 영원한 연속성의 끝없는 순환이다. 따라서 유교의 죽음 초월 방식은 도덕적 자기 수양을 통해 유한한 자연적 삶을 무한한 영성으로 승화시키는 것이다. 다른 한편으로는 이런 초월의 이면에는 '처음에는 생명 에너지에 의해 정의된 존재론적, 우주론적 근거에 있으며, 결국에는 우주의 위대한 미분화 상태로 돌아간다는 믿음이 있다. 실제로 생성이나 종말은 없다. 일반적으로 삶과 죽음은 개별적인 육체적 생명의 출현과 소멸이라는 관점에서 생각하지만 우리는 기의 끝없는 순환과 존재의 연속성이라는 관점에서 삶과 죽음을 생각하면, 육체적 생명의 출현과 소멸은 좁은 생사 개념에 집착하는 마음의 산물일 뿐이다.

우주에는 다양한 유형의 존재 변화와 생명 에너지의 보존만이 존재할 뿐이다. 이런 관점에서 보면 삶과 죽음은 사실상 존재하지 않는다. 삶과 죽음을 이해하고 초월하는 방법에 관하여 가오와 류가 죽음으로부터 해탈을 얻는 유교의 방식과 불교의 방식의 차이는 유교의 유(有)와 불교의 무(無) 존재론의 대비에서 비롯된다는 주장을 다시 한번 보여주었다. 이글을 시작할 때 제기했던 문제로 돌아가 보면 우리는 명대 중후반 유학자들과 특히 왕양명 추종자들의 관심을 끌었던 궁극적인 관심사로서 죽음을 자세히 조사하였다. 그 결과 우리는 더 유교 전통이 불교와 관련하여 죽음의 문제를 공통적이고 궁극적인 관심사로 무시했다고 말할 수 없다는 것을 알게 되었다.

예기에 나타난 삶과 죽음의 문제와 해결방법을 살펴보면, 공자의 사생관은 살아계실 때는 예로 섬기고 돌아가시면 예로 장례 지내며 예로 제사를 지낸다. 맹자의 경우 예와 생사의 관계에 대한 언급이 거의 없다. 순자는 천지를 섬기는 것, 선조를 중시하는 것, 군사를 받드는 것을 예의 근본이라 주장한다. 예기의 이런 사생관의 특성은 상실과 죽음을 경험한 우리가 어떻게 삶을 살아가야 하는지를 생각하게 한다. 현대 사회에서 인간성이 상실되고 물질 만능으로 대체되는 상황에서 인간다움을 회복할 수 있는 치유의 방법과 절차가 예기에 고스란히 저장되어 있음을 알 수 있다.

주희의 생사에 대한 진정한 파악은 실천적 사생관이며, 삶의 인륜 성을 온전히 이해하고 실천하는 과정에서 죽음의 의미를 자각하도록 하려는데 있다. 주희의 관점에서 잘사는 것은 잘 죽기 위한 일종의 선결 요건이 아니다. 오히려 양자는 같은 삶의 분리 불가분의 요소로 늘 직면하는 일상적인 삶을 시시각각 충실하게 사는 것이 잘 죽어가는 과정이다. 따라서 웰-다잉은 죽음의 현상과 사후세계에 대한 공포와 두려움에 대한 강조에서 비롯되는 것이 아니라 오히려 웰-리빙의 조건과 가치를 공동성을 기반으로 한 인문주의적 조건과 가치의 측면에서 깊게 성찰하고 그것을 실천적으로 완성하는 것을 가리킨다.

"아직 삶도 이해하지 못하면서 어찌 죽음을 이해할 수 있으랴?"라는 말은 공자의 죽음에 대한 태도를 뒷받침하는 것으로 자주 인용된다. "새벽에 도를 알아서 밟으면 해 질 녘에 후회 없이 죽을 수 있다"는 공자의 가르침은

　　　　　삶과 죽음에 관한 생생진담

삶과 죽음에 대한 의식적인 관심으로 볼 수 있다. 생각의 소멸은 모두 삶과 죽음에 대한 불안한 염려라는 악을 내포하고 있다. 더 생멸이 일어나거나 사라지지 않는다면 당연히 삶과 죽음도 없을 것이다. 산사람 가운데 죽음을 직접 경험한 사람은 없으며 죽은 자도 말이 없다. 우리가 알 수 있는 사실은 죽음 이전의 세상이다. 따라서 죽음의 문제는 어떻게 살고 어떻게 죽을 것인가에 관한 문제이다. 여기서 죽음의 불안과 공포를 극복하고 보다 잘 살 수 있는 지혜가 필요하다. 중국 유가에서는 죽음의 문제를 무시하지는 않았다고 본다. 현실의 삶을 더 중요시했다. 죽음은 현실의 삶의 종착역이라 생각한 것과 비슷하다.

공자의 조문도 석사가의(朝聞道夕死可矣)와 맹자의 사생취의(捨生取義)에 대한 해설, 아침에 도를 들으면 저녁에 죽어도 좋다는 말의 의미에 대해 주희는 "만약 도를 들었다면 사는 동안은 좋은 삶을 영위할 수 있고 죽게 되면 좋게 죽을 수 있다"고 말한다. 이때의 도란 사물의 당연한 이치이다. 사물의 당연한 이치를 알아서 그것을 실천하며 사는 것이 우리의 인생살이이다. 사람으로서 해야 할 도리를 다하고 살면 죽음도 편안히 맞을 수 있다는 것이다.

맹자의 사생취의는 생명을 버리고 의(義)를 취한다고 하였는데, 살다 보면 삶과 죽음을 자신이 결단해야 할 경우가 있다. 즉 목숨을 잃더라도 옳은 일을 한다는 것이다. 이런 상황에 부닥쳤을 때 무엇을 판단 준거로 삼을 것인가? 도가에서는 이런 국면에 처하는 것을 피하려고 한다. 그러나 유학자들은 피하지 않는다. 오히려 적극적으로 대처한다. 그들이 취하는 판단근거는 의(義)다. 여기에는 용기가 필요하다. 주희는 의로움이 무엇인지를 살펴서 "죽어야 하는 것이 마땅하다면 모름지기 죽어야 한다"고 했다. 왕수인은 천리는 사람이라면 누구나 선천적으로 지니고 있는 양지이고, 따라서 양지를 실현하면서 사는 것이 사람답게 사는 것이며, 뜻이 있는 선비와 어진 사람도 자기 내면의 양지(良知)를 실현한 것에 불과하다고 하기도 했다.

과거 임진왜란 때의 의병, 6·25 전쟁 때의 학도병, 월남전 때의 자원 청년 등 한반도에서 벌어진 전쟁 및 파병에 죽음을 감수하고 참여해야만 했던 젊은 선조들의 생사관은 무엇이었을지 궁금하다. 만약 우리 자신에게도 전쟁의 상황이나 맹자의 사생취의 상황이 오는 경우가 발생한다고 가정해 본다면 우리 자신의 올바른 사생관이 정립될 수 있을지 궁금하다.

불가(佛家)에서 죽음이란 무엇인가?

9장 불가(佛家)에서 죽음이란 무엇인가?

Birth, Aging and Death:Three Existential Sufferings in Early

Buddhism(탄생, 노화, 죽음: 초기불교의 세 가지 실존적 고통/소마라트네)

초기 붓다의 담론인 이 논문을 살펴보면 세속인들은 나의 탄생 늙음, 죽음을 생각하는 반면, 완성된 성인들은 발생, 변화, 소멸을 인식하는 이유에 대한 교리적 설명을 이해하려고 시도한다. 여기에서 우리는 세 가지 중요한 궁금증이 생긴다.

첫째, 탄생, 노화, 죽음은 성인들에게는 전혀 적용될 수 없는 개념인가? 그것들은 아라한(최고단계의 성인)이 아닌 세속인에게만 해당하는 고통인가? 둘째, 세속인은 다섯 가지 집착(번뇌, 느낌, 지각, 결단, 의식)과 육감(눈, 귀, 코, 혀, 몸, 마음)의 발생, 변화, 소멸을 어떻게 그리고 왜 주관적으로 현존하는 '나'의 탄생, 노화, 죽음으로 인식하는가? 셋째, 지금 세속인이 경험하는 탄생과 죽음은 어떤 의미에서 괴로움으로 간주하는가?

이미 일어난 어머니의 뱃속에서 세속인이 실제로 태어난 것과 아직 일어나지 않은 실제 죽음도 현재 그에게 고통인가? 탄생, 늙음, 죽음은 고통의 세 가지 중요한 측면이며, 부처님은 이 세 가지 고통에 대한 해결책으로 고통의 소멸인 닙바나(열반)를 가르친다. 부처의 가르침을 받은 사람은 종종 출가하여 영적인 길을 결심하며 나는 탄생과 늙음, 죽음 그리고 정신적 고통을 극복한 사람이 되겠다고 다짐한다.

세속인에게는 노화를 나 자신의 변화로 인식하기 때문에 노화는 불안과 걱정과 같은 정신적 고통을 일으킨다. 만약 그가 진정한 '나' '자아'가 존재하지 않는다는 것을 이해하고 노화를 오장육부에서 일어나는 단순한 변화와 변화로 인식한다면, 노화로 인한 정신적 고통과 괴로움을 경험하지 않을 것이다. 세속적인 사람은 항상 감각 능력에서 일어나는 생물학적 변화와 변화를 혐오, 역겨움, 혐오가 부여된 개념인 노화라는 개념으로 생각한다. 불교의 정의에서 노화는 세속적인 사람이 자신의 능력에서 일어나는 변화에 대해 깨달음을 얻지 못한 견해나 관점을 말한다. 세속적인 사람은 이렇게 느낀다. '이것이 내 것이다.' '이것이 나다.' '이것이 내 자아다.' 그의 느낌은 진화하고 달라지면서 슬픔, 애도, 번민, 불만, 절망, 불쾌가 일어난다. 따라서 그에게 노화는 항상 고통의 경험이다. 여러 존재의 여러 질서에서 여러 존재가 사라지는 것, 소멸, 해체, 사라짐, 죽음, 시간의 완성, 다발의 해체, 시체의 눕는 것, 이것을 죽음이라고 한다.

세속인은 발생, 변화 소멸을 잘못 받아들여 세 가지 괴로움을 겪는다. 왜냐하면 그는 다섯 가지 집착 묶음에 관한 자아를 인식하고 이 자아로서 탄생, 늙음, 죽음을 생각하기 때문이다. 그러나 성불한 성자는 '나다'라는 자만심도 없고 자아관도 없기 때문에 생성과 변화와 소멸을 '나'의 탄생, 늙음, 죽음으로 생각하지 않기 때문에 세 가지 고통에서 벗어난다.

이처럼 탄생 늙음, 죽음은 삶과 세상을 바라보는 방식이며 세속인의 방식은 괴로움을 결정한다. 성인의 방식은 평화와 행복을 만들어 낸다. 불교는 '무아' 교리를 가르치는 유일한 종교이기 때문에 부처님의 가르침을 통해서만 이러한 깨달음의 관점을 얻을 수 있다.

불교는 다른 종교보다도 죽음에 대한 심오한 사상을 내포하고 있다. 싯다르타의 소원은 죽음을 뛰어넘는 것이다. 그 방법은 깨달음을 통해서이고 그러면 깨달음은 무엇인가? 깨달음이란 모든 인식주체와 대상이 비어있음을 깨닫는 것이다. 보통 사람들은 죽음에 이르러 허망함과 무아를 관찰하지만 깨달은 사람은 가는 일, 오는 일도 없으니 하물며 죽음이 있겠는가? 이는 마음과 경계가 하나인 까닭이다. 불교에서 죽음은 사라져 없어지는 것이다. 생멸이란 현상계에만 존재하고 진리의 세계, 즉 열반에서는 존재하지 않는다. 그러나 모든 것을 불이(不二)의 관점에서 보는 중관(中觀)에서는 죽음이란 존재하지도 존재하지 않는 것으로 규정한다.

화엄의 죽음관은 네 가지로 설명한다. 즉 사법계에서의 죽음(이는 삶과 죽음은 서로 반대되는 것이고, 삶이 끝나는 어느 지점이 죽음이 있다는 것이다. 즉 사라져 없어지는 것이다), 이 법계에서의 죽음(삶과 죽음은 모든 존재는 끊임없는 인연화합에 따른 변화의 과정에 따른 변화의 과정일 뿐이며 변화의 과정에 이름을 붙인 것에 불과하다. 따라서 삶도 죽음도 없다. 그래서 삶과 죽음은 구름과 같다), 이사무애법계(理事無礙法界)에서의 죽음(죽음은 있다. 그러나 죽음은 사법계에서의 죽음과 다르다. 여기서 죽음은 삶과 더불어 시작된다. 즉 삶의 끝에 죽음이 오는 것이 아니라, 삶 속에 간직된 죽음이 어느 날 다 갖추어진 모습으로 삶 전체를 뒤집는 것이다. 삶은 죽음 없이 존재할 수 없다), 그리고 사사무애법계에서의 죽음(화엄이란 부처가 깨달음을 깨달아 얻은 후 깨달은 눈으로 세상을 본 것을 묘사한 것이다. 그것은 진리와 자비가 넘치는 세계이다. 이러한 화엄의 세계를 사사무애법계라 말한다)이 그것이다. 다른 세 가지 법계는 단지 사사무애법계에 접근하기 위한 설명적 방편일 뿐이다. 보통 불교에서 죽음 교육은 생유시의 접근방법과 중유시의 죽음 교육, 두 가지 방법으로 접근할 수 있다.

첫째로, 생유시(生有時)의 죽음 교육은 살아있을 때의 죽음 교육을 의미하며, 특히 노인들에게 중요하며 결과적으로 어떤 삶을 살아야 하는지 깨닫도록 해준다. 인간성장의 마지막 기회이기 때문이다.

둘째로, 중유시(中有時)의 죽음 교육은 임사시의 죽음 교육을 의미한다. 임사체험을 한 사람은 하지 않은 사람과 비교했을 때 삶을 대하는 태도에서 많은 차이가 남을 알 수 있다.

현대 한국사회의 생사 문화와 불교적 죽음관을 고찰해보면 현대 한국 사회에서 필요한 죽음 교육은 현대 한국인의 의식구조에 맞는 한국인 고유의 전통적 효 사상과 가족체제의 정돈과정에서 이루어져야 한다. 불교에서 말하는 윤회와 같은 지루한 반복에서 해탈하는 방도를 기꺼이 선택하게 하고, 그에 도달할 불교적 사유의 힘을 수행하도록 돕는 것이다. 불교의 생사관이 녹아 있는 효 사상과 전통가족주의에 입각한 죽음의례에 녹아 있는 무상수행, 철학적, 문화적 상담 과정이 그 험난한 과정을 통과하도록 도울수 있다. 붓다의 열반 과정을 체험해본다. 이를 통해 자기 죽음을 미리 수용하고 경험함으로써 불교의 삼법인과 무상과 무아의 교리를 깨닫게 한다.

노인들이 추구하는 좋은 죽음의 조건은 "부모를 앞선 자녀가 없는 죽음, 자녀가 임종해 주는 죽음, 자식에게 부담 주지 않는 죽음, 부모 노릇 다한 죽음, 준비된 죽음, 천수를 다한 죽음 준비된 죽음" 등으로 주로 가족관계와 가족문화의 중요성을 반영하고 있다.

불교에서의 죽음 교육은 집착의 원인이 탐심과 화내는 마음인 진심(瞋心), 어리석은 마음인 치심(癡心)이라고 하는 무명(無明)에 있다고 가르친다. 그래서 무명을 사람을 죽게 하는 독과 같다 하여 삼독심(三毒心)이라고 한다. 불교에서는 무명에서 벗어나기 위하여 삶을 고통스러운 생로병사의 과정으로 바로 정관(正觀)하는 것이 그에게서 벗어나는 방도라고 교육한다.

이후 대승불교에서는 생사란 본래 없는 것이므로 무명에서 벗어나 수행할 것을 강조한다. 불교의 죽음 교육은 내세 중심의 종교교육이기는 하나 현세에서의 죽음과의 대결을 통한 심리적 각성으로 생사를 하나로 보는 생명 교육을 지향한다. 생사를 미래의 사건이 아닌 현재 마음에서 명멸하는 생멸심(生滅心)으로 중요시하여 생사 속에서 그를 초월하는 삶의 실천 교육을 지향한다.

불교는 인도에서 중국을 거쳐 우리나라에 전파된 종교이자 사상이다. 오랜 세월을 거쳐 우리의 전통사상으로 자리 잡았다고 볼 수 있다. 불교를 알기 위해서는 우선 근처 사찰에 가서 숙박하며 며칠 머무르면서 스님과 차한잔하거나 사귀어보면 좋을 것 같다. 나도 삼십 대 시절 천안의 어느 절에서 3일 숙박하였다. 경험한 바로는 스님들 먹고사는 문제가 힘들고 어려워 보였다. 몇 년 전 ○○산 ○○사 ○○암 주지 ○○스님도 인연이 닿아서, 1년에 한두 번 동짓날 나가 갈 때면, 삶에 있어서 경제적 문제가 고민거리로 다가온다. 그러나 스님은 생로병사의 과정에서 삶과 죽음의 문제를 가지고 고민하며 치열하게 도를 닦으며 서예와 묵화를 그리며 정신적인 면에서 행복하고 평화로와 보이기도 한다.

물질문명이 만연한 현대 사회에서 세속인과 성인의 구분이 가능할까? 탄생, 노화, 죽음의 과정을 나 자신의 변화로 인식하지 않고 무아의 상태에 도달하여 탄생, 노화, 죽음의 과정을 단순한 변화로 인식하며 초월한다는 것이 가능한가? 이런 질문에 대하여 누군가가 인간은 아무도 죽어보지 않아서 알 수 없다고 대답한다면, 필자는 그것은 깨달음과 수양이 부족해서 그런 것이라고 말해줘도 될 것인가? 우리는 이 과정을 살아가는 데 있어서 성현이 걸었던 길을 생각하며 따라가면서 그 길을 추구해야 하는지, 아니면 또 다른 나만의 길을 찾아서 가야 하는지 선택의 고민을 하기도 한다.

죽음 교육이 필요한 이유는 모든 인간들에게 웰다잉의 준비가 필요하기 때문이다. 개인의 삶은 죽음에 이르러 끝을 맺는다. 삶과 죽음은 동전의 양면처럼 별개의 것이 아니라 서로 연관된 개념이다. 잘살아 보지 못한 사람이 잘 죽는다는 것은 힘든 일이다. 그러나 사람들은 삶 젊음, 성장의 가치만 추구하며 죽음 노화 쇠퇴는 애써 외면하는 경향이 있다. 모든 사람이 죽는다는 사실은 알고 있지만 그게 나의 일은 아닐 것이라 믿고 싶어 한다. 죽음은 그저 노인의 일로 생각하고 될 수 있으면 죽음을 피하고 되도록 오래도록 미루고 싶은 것이 솔직한 마음이다. 그러나 현대인은 과학기술의 발달로 수명을 크게 연장했지만 죽음의 과정에서 고통의 깊이, 길이, 정도를 증가시켰다. 현대인은 오래 살게는 되었지만, 길고 고통스러운 죽음을 맞이할 가능성 또한 높아졌다고 볼 수 있다.

고령화 사회가 빠르게 진행되며 죽음을 준비해야 하는 노령층뿐만 아니라 그들과 이별을 준비해야 하는 가족과 이웃, 친구, 그리고 그들을 돌보는 직업을 가진 사람들을 모두 포함한다면, 우리의 삶에서 죽음을 멀리하기는 어렵고 죽음은 점점 가까이 밀접하게 다가온다고 볼 수 있다. 이런 점에서 죽음은 나의 삶의 한 부분이며, 나와 상관없는 일이 아니며 언젠가 반드시 겪어야 하는 나의 일이란 생각의 전환이 필수적이다.

건강하고 아름다운 삶뿐만 아니라 행복하고 안락한 죽음이란 어떤 것인지, 좀 더 평화롭고 존엄하게 죽기 위해서는 어떠한 죽음의 환경이 조성되어야 하고 죽어가는 환자를 인간답게 돌보기 위해서는 어떠한 관심과 노력을 기울여야 할지 함께 고민해 보아야 할 것이다. 왜냐하면 죽음은 나의 일이기 때문이다. 인간은 살아가면서 사건과 사고 상실과 죽음을 회피할 수 없다. 그것이 인간의 운명이라면 그 한계상황과 대면하고 직면하는 기술과 준비가 필요하다.

죽음학의 핵심명제는 '오늘이 내 생애 마지막 날이라면 나는 누구와 무엇을 어떻게 할 것인가?'에 있다. 이 명제는 그동안 평범하게 살아왔던 삶의 소중함과 가치를 성찰할 수 있게 하여 삶의 우선순위를 높게 한다. 오늘이 내생에 마지막의 의미는 한계상황을 말한다. 오늘을 한계상황으로 인식한다면 지금의 현실이 얼마나 소중한지를 비로소 알 수 있다. 오늘이 마지막이라면 나는 무엇을 할 것인가? 스피노자는 "내일 지구의 종말이 오더라도 나는 오늘 한그루의 사과나무를 심겠다"고 했는데 그는 우주와 세계, 시간과 공간을 하나로 보았기 때문에 가능한 말이다. 평범한 인간의 입장에서는 '묵묵히 희망을 품고 오늘 할 일을 하며 지금의 나는 미래의 후손을 위해 희망의 씨를 뿌리고 사라지는 그것이 아닌가?'라고 해석된다. '나는 마지막 순간에 누구와 함께할 것인가? 그리고 나는 이들에게 어떤 말로 인사를 하며 어떻게 마무리하는 것이 가장 소중한 삶인가?'를 죽음에 물어보게 한다. 오늘이 내생에 마지막이라는 한계상황을 부여함으로써 인간이 가지고 있는 훌륭함의 가치를 실현할 수 있도록 안내하며 여기에서 왜 공교육에서 죽음 교육을 실천하는지에 대한 정당성이 있다.

죽음 교육의 목표는 '자신을 포함해서 사랑하는 사람이나 가족 또는 제삼자가 상실이나 죽음에 처했을 때 발생할 수 있는 고통에 대해, 이를 대처하고 극복할 수 있는 기술과 지혜를 배움으로써 가치관과 세계관을 정립하고 삶의 소중함을 깨닫게 하는 것'에 있다.

그러나 오늘날 죽음은 신체적 종식으로 국한해서 해석하는 경향이 있다. 죽음학에서 말하는 죽음의 의미는 신체적 종식을 넘어 '자아의 죽음'에도 관심을 넓혀 죽음의 의미를 인간학적인 관점으로 확장하고, 죽음 교육은 질병 치료와 관련된 자연과학, 인간의 의미와 자기완성을 다루는 인문과학, 그리고 인간과 사회관계를 다루는 사회과학의 최종적 지향점이다. 죽음을 다루는 궁극적 의의는 곧 사랑과 관심, 그리고 공동체적 공감, 상호 협력과 치유에 대한 이해를 높이는 것이다. 특히 죽음 교육에 앞서서 교육자는 생애발달 주기별 죽음의 이해를 살펴볼 필요가 있다. 그리고 이것은 죽음 교육에서 매우 중요한 요소이다. 왜냐하면 인간은 죽음에 대한 이해도가 연령별로 매우 다르게 나타나기 때문에 수준에 맞는 교육과 대화가 필요하기 때문이다.

3~5세의 아동기는 죽음의 이해가 처음으로 나타나는 시기이며, 5~9세의 시기는 죽음에 대해 구체적 사고를 하는 상태이다. 청소년은 9세~20, 25세 시기로 구분할 수 있고 죽음이 자신에게 일어나지 않는다고 생각하며, 불안과 염려를 하며 자살 충동을 크게 느낀다. 청소년과 젊은이들이 죽음에 대해 가장 두려워한다는 연구 결과도 존재한다.

성년기의 특징은 죽음에 대해 회피적이다. 죽을 가능성을 생각하고 싶어하지 않는 경향이 있다. 중년기는 사후세계가 있다고 믿는 경향이 강하다. 일본인은 죽으면 모든 것이 끝난다고 생각하며, 한국인은 죽음은 편안하고 깊은 잠을 영원히 자는 그것으로 생각하는 경향이 있다.

노년기는 죽음에 대한 준비가 잘 죽는 것, 좋은 죽음은 복 있는 죽음, 부모 앞선 자녀가 없고, 자녀가 임종을 지켜주고, 자식에게 부담을 주지 않고, 부모 노릇을 다하고 맞이하는 고통 없고, 천수를 다한, 준비된 죽음을 좋은 죽음으로 생각한다.

죽음 교육은 금기로 묶여있던 죽음을 밝은 곳으로 끌어내는 일이다. 그래서 어떠한 죽음의 형태가 바람직한지 생각하게 되고 청소년 혹은 더 어린 시절부터 죽음을 마주 보게 하여 매일의 삶을 충실히 살도록 함으로써 산다는 기쁨을 맛볼 수 있도록 돕는 것이다.

정성을 다해 한 생명의 탄생을 준비하듯 생명의 마지막인 죽음을 위해서도 준비가 필요하다는 것에 대해 많은 이들이 공감하고 있다.

죽음 준비교육은 코어(Corr, 2000)에 의하면 하나, 죽음 준비교육의 인지적 차원으로는 죽음과 관련된 경험에 대한 정보를 제공하고 이런 경험을 이해하도록 돕는 인지적 혹은 지적인 시도이다. 둘, 죽음 교육의 정의적 차원으로는, 죽음, 죽음의 과정, 사별과 관련된 감정 및 정서를 다루려는 교육적 시도이다. 셋, 죽음 교육의 행동적 차원으로는 죽음과 관련된 상황에서 사람들이 왜 그렇게 행동하고 그러한 행동 중에 어떤 것이 도움이 되는지, 그러한 상황에서 사람들이 어떻게 행동해야 하는지를 탐색하려는 시도이다. 넷, 죽음 준비교육의 가치적 차원으로는 인간의 삶을 지배하는 기본적인 가치를 확인하고 분명히 하려는 교육적 시도다. 말기 환자의 생명 연장, 소극적, 적극적 안락사 문제, 죽음의 판정, 뇌사, 자살문제 등은 단순한 지식의 문제가 아니라 가치관과도 관련되는 주제로 죽음 준비교육은 이런 주제를 다루면서 확고한 가치관을 갖도록 돕는다. 이처럼 코어와 동료들은 죽음 준비교육 프로그램에서 다루게 되는 내용을 중심으로 개념을 정의하였다.

레비톤(Leviton, 1977)은 교육이 시행되는 시기 혹은 대상을 중심으로 죽음 교육의 성격을 세 가지 차원으로 설명한다.

첫째, 죽음 준비교육은 죽음에 대한 초기 예방 혹은 예방적 건강교육이다. 죽음에 의해 병적상태에 빠지지 않도록 예방하는 역할을 할 수 있다. 둘째, 죽음 준비교육은 개인적 측면을 가지고 있다. 사람을 죽음에 직면하도록 하여 자살을 생각하는 사람에게 어떻게 대응해야 하고 어떻게 위기 개입 자로서 활동할 수 있는 능력을 배양하도록 한다.

셋째, 죽음 준비교육은 사후 개인적. 치유적 효과를 가진다. 죽음 준비 교육은 사람들이 위기를 이해하고 이러한 경험으로부터 배우도록 도울 수 있다.

죽음 준비교육은 1960년대부터 알려지기 시작했지만 넓은 의미에서는 고대부터 있었다. 고대 티베트에서 '사자의 서'와 같은 문서를 통해, 중세유럽에서는 '죽음의 기술', '왕생의 기술'이라는 안내서가 이용되어 죽은 후 영혼이 어떻게 되는지 안전한 여행을 위해 어떤 준비가 필요한지 상세히 설명하고 있다. 이에 비해 오늘날의 죽음 교육은 사람이 삶의 한가운데서 죽음에 대처하고자 하는 노력에 초점을 두고 있다. 미국의 경우 '오메가', '죽음 교육', '죽음 연구', '자살과 생명을 위협하는 행동', '소생, 완화, 보살핌', '타나토스' 등 다양한 죽음 관련 학술지가 발간되고 있다. 미국 내 938개 대학에서 죽음 준비교육 코스를 제공(Pine, 1977)하고 있으며 공립 초·중등학교의 약 11%가 죽음에 대한 강좌나 단원을 제공하며 25%가 자살 예방 프로그램을 시행하고 있다(Wass, 1990)고 한다.

죽음 준비 프로그램의 목적은 첫째, 죽음 불안감소를 통한 건전한 발달 도모. 둘째, 자신과 삶에 대한 이해증진. 셋째, 전문성 배양을 통한 돌봄의 질 개선. 넷째, 죽음의 공론화를 통한 죽음과 관련된 정서적 문제의 해결. 다섯째, 죽음, 비탄, 죽음 과정의 인간화. 여섯째, 인간이 만들어 낸 죽음의 가능성 핵 참사, 전쟁, 환경 파괴 등 방지 및 축소. 일곱째, 상업적인 죽음

관련 시장에 대한 소비자 교육(불필요한 겉치레나 비용의 낭비를 줄임)에 있다.

인간이 살다가 돌연사나 자살, 사고사의 경우에는 남겨진 가족들과 친구들에게 슬픔과 아픔을 남긴다. 그러나 인간들은 장례식과 애도 기간이 지나가면 서서히 일상생활을 회복하며 삶의 현실로 다시 돌아온다. 무병장수하여 수명을 다하는 경우도 슬픔과 이별의 애도 기간을 갖는다.

그러나 그렇지 못한 경우의 죽음이 있다. 그것은 병원 생활을 장기간 하거나, 치매 등으로 오랜 병간호 기간을 지내고 사망하는 경우의 죽음이다. 이는 현실적인 문제와 결부되어 슬픔, 애도 등의 축복을 받지 못하고 남겨진 가족들에게 고통을 남길 수도 있다. 따라서 지금까지 살펴본 양지에서의 죽음 교육은 살아있는 장기 요양해야 하는 환자를 간호하는 보호자와 이를 지원하는 정책 분야에도 관심을 가져야 한다. 그러나 죽음 교육은 현실적으로 죽음에 대한 주체적 사고와 삶과 죽음이 동전의 앞면과 뒷면, 그리고 사계절의 변화와 같은 우리가 알 수 없는, 알 필요도 없는 우주 질서의 한 부분임을 자각시키는 게 중요하다. 그것만으로도 죽음에 대한 공포와 불안을 극복하게 하여 남은 일상의 삶을 긍정적으로 살게 한다.

죽음에 관한 동서양의 시각과
한국인의 죽음관

: 죽음에 관한 종합적 고찰

GVITAV
KLIMT

10장 죽음에 관한 동서양의 시각과
한국인의 죽음관

- 죽음에 관한 종합적 고찰 -

죽음에 대한 모든 종교와 철학에서의 궁극적인 목표와 소망은 거의 비슷한데, 그것은 바로 죽음의 정신적 극복이나 생사 문제의 철저한 해결이다. 인간이 이 세상에 태어나 아무런 근심과 걱정 없이 50여 년을 잘살다가 어느 날 갑자기 죽음이라는 실존적 상황에 마주했다고 가정했을 때, 그때의 당황스러운 모습을 우리는 영화나 소설을 통하여 간접 체험할 수 있다. 준비되지 않은 죽음은 이렇듯 지구상 모든 인간에게 당황스럽고 두려운 일이다. 그러한 사례를 우리는 러시아 문호인 톨스토이의 소설 〈이반 일리치의 죽음〉과 다비드 세르방 슈레베르가 자신이 죽기 며칠 전까지 투병 체험을 기록한 〈안녕은 영원한 헤어짐이 아니다〉, 그리고 1950년대 일본의 영화 거장인 구로사와 아키라 감독의 영화 〈살다〉에서 생생하게 간접 경험할 수 있다.[1]

우리는 죽음에 대한 동서양의 죽음관 및 한국인의 죽음관을 살펴보고, 죽음 교육을 통하여 죽음을 선구적으로 체험하는 것만으로도 삶과 죽음에 대한 공포, 두려움을 줄일 수 있다. 이를 통해 삶과 죽음이 자연스러운 과정

---

1. 부위훈, 전병술 역, 죽음, 그 마지막 성장, 청계, 2001. pp.95~119.

임을 깨닫고 우주 자연의 변화와 질서에 적응하며 순응하는 삶을 동양의 성현들로부터 본받을 수 있다.

이번 장에서는 동양의 대표적 생사관인 불교, 유교의 죽음관을 중심으로 인간의 죽음과 사후세계에 대한 성현들의 사고 및 우리 조상들의 죽음관을 살펴보고 오늘 현대를 살아가는 우리들의 죽음관을 정립하는 데 도움을 얻고자 한다.

죽음은 두려운 것인지? 극복 가능한 것인지? 또한 극복 가능한 방법과 이를 위한 삶은 어떻게 살아야 하는지? 죽은 후의 내세는 존재하는지? 등등 수많은 궁금증과 두려움이 존재한다. 인간은 유한하지만, 유한한 존재인 인간은 대를 이어 찬란한 문화와 문명을 전승하며 존재해 오고 있다. 육체는 소멸하여도 인간의 정신과 유산은 계속 전승된다는 점에서 불교와 유교, 그리고 기독교의 종교적 역할과 기능이 무엇인지 탐구해 보고 한국인의 죽음관을 심층 분석해 보고자 하는 것이 이번 장의 목적이라고 할 수 있다.

개인의 삶은 죽음에 이르러 끝을 맺는다. 삶과 죽음은 동전의 양면처럼 별개의 것이 아니라 서로 연관된 개념이다. 잘살아 보지 못한 사람이 잘 죽는다는 것은 힘든 일이다. 그러나 사람들은 삶, 젊음, 성장의 가치만 추구하며 죽음, 노화, 쇠퇴는 애써 외면하는 경향이 있다. 모든 사람이 죽는다는 사실은 알고 있지만 그게 나의 일은 아닐 것이라 믿고 싶어 한다. 죽음은 그저 노인의 일로 생각하고 될 수 있으면 죽음을 피하고 되도록 오래도록 미루고 싶은 것이 솔직한 마음이다. 그러나 현대인은 과학기술의 발달로 수명을 크게 연장했지만 죽음의 과정에서 고통의 깊이, 길이, 정도를 증가시켰다. 현대인은 오래 살게는 되었지만, 길고 고통스러운 죽음을 맞이할 가능성 또한 높아졌다고 볼 수 있다.

고령화 사회가 빠르게 진행되며 죽음을 준비해야 하는 노령층뿐만 아니라 그들과 이별을 준비해야 하는 가족과 이웃, 친구, 그리고 그들을 돌보는 직업을 가진 사람들을 모두 포함한다면, 우리의 삶에서 죽음을 멀리하기는 어렵고, 죽음은 점점 가까이 밀접하게 다가온다고 볼 수 있다. 이런 점에서 죽음은 나의 삶의 한 부분이며, 나와 상관없는 일이 아니며 언젠가 반드시 겪어야 하는 나의 일이란 생각의 전환이 필수적이다. 이제 우리는 건강하고 아름다운 삶뿐만 아니라 행복하고 안락한 죽음이란 어떤 것인지, 평화롭고 존엄하게 죽기 위해서는 어떠한 죽음의 환경이 조성되어야 하며, 죽어가는 환자를 인간답게 돌보기 위해서는 어떠한 관심과 노력을 기울여야 할지 함께 고민해 보아야 할 것이다. 죽음은 나의 일이기 때문이다. 인간은 살아가면서 사건과 사고, 상실과 죽음을 회피할 수 없다. 그것이 인간의 운명이라면 그 한계상황과 대면하고 직면하는 기술과 준비가 필요하다.

죽음학의 핵심명제는 '오늘이 내 생애 마지막 날이라면 나는 누구와 무엇을 어떻게 할 것인가?'에 있다. 이 명제는 그동안 평범하게 살아왔던 삶의 소중함과 가치를 성찰할 수 있게 하여 삶의 우선순위를 높이게 한다. 오늘이 내 생의 마지막이라는 의미는 한계상황을 말한다. 오늘을 한계상황으로 인식한다면 지금의 현실이 얼마나 소중한지를 비로소 알 수 있다.

이 장에서는 죽음에 대한 대표적 동·서양의 시각, 즉 종교적 관점에서 접근하여, 동양의 불교, 유교적 관점과 서양의 그리스 사상, 유대교, 기독교 사상의 죽음관을 살펴보고, 죽음에 대한 우리 선조들의 경험과 혜안을 비교하여, 현대적 관점에서 우리가 살아가는 데 있어서 적용 가능한 죽음관 확립을 추구한다. 특히 물질문명으로 오염되고 자본주의화 되어 상품화된 오늘날의 장례문화를 개선하고, 여기서 파생된 인간의 존엄성 상실문제, 왜곡된 죽음관, 상품화된 장례문화 현장을 개선할 방법 등을 모색해보며, 죽음 교육과 관련된 종사자들의 의식전환에 필요한 아이디어 및 개선에 도움을 얻고자 한다.

1. 죽음에 대한 동서양의 시각

1) 동양의 죽음관

가. 불교적 시각

불교는 다른 종교보다도 죽음에 대한 심오한 사상을 내포하고 있다. 싯다르타의 소원은 죽음을 뛰어넘는 것이었다. 그 방법은 깨달음을 통해서였다.

그러면 깨달음은 무엇인가? 깨달음이란 모든 인식주체와 대상이 비어있음을 깨닫는 것이다. 보통 사람들은 죽음에 이르러 허망함과 무아를 관찰하지만 깨달은 사람은 가는 일, 오는 일도 없으니 하물며 죽음이 있겠는가? 이는 마음과 경계가 하나인 까닭이다. 불교에서 죽음은 사라져 없어지는 것이다. 생멸이란 현상계에만 존재하고 진리의 세계, 즉 열반에서는 존재하지 않는다.

소마리네트에 의하면 초기 붓다의 담론을 살펴보면 세속인들은 나의 '탄생, 늙음, 죽음'을 생각하는 반면, 성인들은 '발생, 변화, 소멸'을 인식하는 이유에 대한 교리적 설명을 이해하려고 시도한다고 한다. 그래서 그는 다음의 세 가지 중요한 질문을 제기한다.[2]

첫째, 탄생, 노화, 죽음은 아루빗에게 전혀 적용될 수 없는가? 그것들은 아라한이 아닌 세속인에게만 고통인가? 둘째, 세속인은 다섯 가지 집착(번뇌, 느낌, 지각, 결단, 의식)과 육감(눈, 귀, 코, 혀, 몸, 마음)의 발생, 변화, 소멸을 어떻게 그리고 왜 주관적으로 현존하는 '나'의 탄생, 노화, 죽음으로 인식하는가? 셋째, 지금 세속인이 경험하는 탄생과 죽음은 어떤 의미에서 괴로움으로 간주하는가? 이미 일어난 어머니의 뱃속에서 세속인이 실제로 태어난 것과 아직 일어나지 않은 실제 죽음도 현재 그에게 고통인가? 탄생, 늙음, 죽음은 고통의 세 가지 중요한 측면이며, 부처님은 이 세 가지 고통에 대한 해결책으로 고통의 소멸인 니바나를 가르친다. 부처의 가르침을 받은

---

2. G. A. SOMARATNE, Birth Aging and Death:Three Existential Sufferings in Early Buddhism international journal of budhist thought&culture, vol. 28, 2018. pp.2~4.

사람은 종종 출가하여 영적인 길을 결심하며 나는 탄생과 늙음, 죽음 그리고 정신적 고통을 극복한 사람이 되겠다고 다짐한다.

세속인은 노화를 나 자신의 변화로 인식하기 때문에 노화는 불안과 걱정과 같은 정신적 고통을 일으킨다. 만약 그가 진정한 '나' '자아'가 존재하지 않는다는 것을 이해하고 노화를 오장육부에서 일어나는 단순한 변화와 변화로 인식한다면, 노화로 인한 정신적 고통과 괴로움을 경험하지 않을 것이다. 세속적인 사람은 항상 감각 능력에서 일어나는 생물학적 변화와 변화를 혐오, 역겨움, 혐오가 부여된 개념인 노화라는 개념으로 생각한다. 불교의 정의에서 노화는 세속적인 사람이 자신의 능력에서 일어나는 변화에 대해 깨달음을 얻지 못한 견해나 관점을 말한다. 세속적인 사람은 이렇게 느낀다. '이것이 내 것이다.' '이것이 나다.' '이것이 내 자아다.' 그의 느낌은 진화하고 달라지면서 슬픔, 애도, 번민, 불만, 절망, 불쾌가 일어난다.

따라서 그에게 노화는 항상 고통의 경험이다. 여러 존재의 여러 질서에서 여러 존재가 사라지는 것, 소멸, 해체, 사라짐, 죽음, 시간의 완성, 다발의 해체, 시체의 눕는 것, 이것을 죽음이라고 한다. 세속인은 발생, 변화 소멸을 잘못 받아들여 세 가지 괴로움을 겪는다. 왜냐하면 다섯 가지 집착 묶음에 관한 자아를 인식하고 이 자아로서 탄생, 늙음, 죽음을 생각하기 때문이다. 그러나 성불한 성자는 '나다'라는 자만심도 없고 자아관도 없기 때문에 생성과 변화와 소멸을 '나'의 탄생, 늙음, 죽음으로 생각하지 않으므로 세 가지 고통에서 벗어난다. 이처럼 탄생 늙음, 죽음은 삶과 세상을 바라보는 방식이며 세속인의 방식은 괴로움을 결정한다. 성인의 방식은 평화와 행복을 만들어 낸다. 불교는 '무아' 교리를 가르치는 유일한 종교이기 때문에 부처님의 가르침을 통해서만 이러한 깨달음의 관점을 얻을 수 있다.

그러나 모든 것을 불이(不二)의 관점에서 보는 중관(中觀)에서는 죽음이란 존재하지도 않는 것으로 규정한다. 화엄의 죽음관은 네 가지로 설명한다.[3] 네 가지는 다음과 같다.

- 사법계에서의 죽음: 이는 삶과 죽음은 서로 반대되는 것이고 삶이 끝나는 어느 지점이 죽음이 있다는 것이다. 즉 사라져 없어지는 것이다.

- 이 법계에서의 죽음: 삶과 죽음은 모든 존재는 끊임없는 인연화합에 따른 변화의 과정에 따른 변화의 과정일 뿐이며 변화의 과정에 이름을 붙인 것에 불과하다. 따라서 삶도 죽음도 없다. 그래서 삶과 죽음은 구름과 같다.

- 이사무애법계에서의 죽음: 죽음은 있다. 그러나 죽음은 사법계에서의 죽음과 다르다. 여기서 죽음은 삶과 더불어 시작된다. 즉 삶의 끝에 죽음이 오는 것이 아니라, 삶 속에 간직된 죽음이 어느 날 다 갖추어진 모습으로 삶 전체를 뒤집는 것이다. 삶은 죽음 없이 존재할 수 없다.

---

3. 정재걸, 불교와 죽음 그리고 죽음 교육, 대구대학교, 동양 철학연구 제55권 동양철학 연구회, 2008. pp.15~16.

‒ 사사무애법계에서의 죽음: 화엄이란 부처가 깨달음을 깨달아 얻은 후 깨달은 눈으로 세상을 본 것을 묘사한 것이다. 그것은 진리와 자비가 넘치는 세계이다. 이러한 화엄의 세계를 사사무애법계라 말한다.

앞의 네 가지 법계는 단지 사사무애법계에 접근하기 위한 설명적 방편일 뿐이다. 본 글에서의 죽음 교육은 생유시의 접근방법과 중유시의 죽음 교육 두 가지 방법으로 접근할 수 있다.

생유시(生有時)의 죽음 교육은 살아있을 때의 죽음 교육을 의미하며, 특히 노인들에게 중요하며 결과적으로 어떤 삶을 살아야 하는지 깨닫도록 해준다. 인간성장의 마지막 기회이기 때문이다. 중유시(中有時)의 죽음 교육은 임사시의 죽음 교육을 의미한다. 임사체험을 한 사람은 하지 않은 사람과 비교했을 때 삶을 대하는 태도에서 많은 차이가 남을 알 수 있다.

힌두교, 기독교 등 타 종교와 비교하여 불교는 생사 문제에 대하여 몇 가지 뛰어난 점을 보인다.[4]

첫째, 오직 불교만이 시종일관 생사대사를 종교가 마땅히 관심을 기울여야 하는 첫 번째 과제로 삼았으며 계시나 전통 등 외부의 힘에 의지하지 않고 완전히 자신의 체험과 내성 공부에 의지하여 심성의 함양, 통찰 등 내면적인 정신으로 생사 현상과 세상의 이치를 관찰하여 해탈의 길을 발견하게 된다.

---

4. 부위훈(전병술 역), 죽음, 그 마지막 성장, 청계, 2001. pp.133~190.

둘째, 불교는 전반적인 다층, 원근관 방식을 취하여 문제를 분석하고 사물을 관찰하여 진리를 깨닫고 다양한 단계의 종교나 철학적 진리를 형성하여 독단에서 벗어나 개방적이고 융통성을 갖추어 타 종교와 대화가 쉽게 이루어진다. 그리고 자기 개선도 가능하다.

셋째, 불교는 이론과 실천의 일치를 추구하여 마음속에서 참으로 체득했는가 아닌가를 생사대사에 관한 종교적 진리의 준칙으로 삼는다. 인간에게 출생과 죽음은 선택권이 없는 운명적 요소가 많아서 운칠기삼이라는 속담이 적용된다고 본다. 각종 재난과 사고에서 운이 좋아 살아나기도 하고 운이 나빠 죽기도 하는 것을 우리는 일상생활 속에서 너무도 많이 접한다. 이럴 때 인간은 신을 떠올릴 수밖에 없는 나약한 존재가 아닌가란 생각이 든다.

우리는 태어나서 처음 죽음을 보거나 경험이 부족하기 때문에 막상 타인과 가족의 죽음을 접하면 두려움과 공포심을 가질 수밖에 없다. 불교는 인도에서 중국을 거쳐 우리나라에 전파된 종교이자 사상이다. 오랜 세월을 거쳐 우리의 전통사상으로 자리 잡았다고 볼 수 있다. 불교를 알기 위해서는 우선 근처 사찰에 가서 숙박하며 며칠 머무르면서 스님과 차 한잔하거나 사귀어보면 좋을 것 같다.

물질문명이 만연한 현대 사회에서 세속인과 성인의 구분이 가능할까? 탄생, 노화, 죽음의 과정을 나 자신의 변화로 인식하지 않고 무아의 상태에 도달하여 탄생, 노화, 죽음의 과정을 단순한 변화로 인식하며 초월한다는 것이 쉬운 문제는 아닐 것이다. 이런 질문에 대하여 누군가가 인간은 아무도 죽어보지 않아서 알 수 없다고 한다면, 그것은 깨달음과 수양이 부족해서 그런 것이라고 할 수도 있다. 인간이 인생을 살아가는 데 있어서 옛 성현이 걸었던 길을 생각하며 추구해야 하는지, 아니면 또 다른 자신의 길을 찾아서 가야 하는지는 선택의 문제일 것이다.

나. 유교적 시각

예기에 나타난 삶과 죽음의 문제를 살펴보면 공자의 사생관은 살아계실 때는 예로 섬기고 돌아가시면 예로 장례를 지내며 예로 제사를 지낸다는 것이다.[5] 맹자의 경우 예와 생사의 관계에 대한 언급이 거의 없다. 순자는 천지를 섬기는 것, 선조를 중시하는 것, 군사를 받드는 것을 예의 근본이라 주장한다.

예기의 이런 사생관의 특성은 상실과 죽음을 경험한 우리가 어떻게 삶을 살아가야 하는지를 생각하게 한다. 현대 사회에서 인간성이 상실되고 물질 만능으로 대체되는 상황에서 인간다움을 회복할 수 있는 치유의 방법과 절차가 예기에 고스란히 저장되어 있음을 알 수 있다. 주희의 생사에 대한 진정한 파악은 실천적 사생관이며, 삶의 인륜성을 온전히 이해하고 실천하는 과정에서 죽음의 의미를 자각하도록 하려는데 있다. 주희의 관점에서 잘사는 것은 잘 죽기 위한 일종의 선결 요건이 아니다. 오히려 양자는 분리 불가분의 요소로 늘 직면하는 일상적인 삶을 시시각각 충실하게 사는 것이 잘

---

5. Philip J. Ivanhoe, Death And Dying In The Analects "Mortality In Traditional Chinese Thought", State University Of New York Press. pp.115~116.

죽어가는 과정이다. 따라서 웰-다잉은 죽음의 현상과 사후세계에 대한 공포와 두려움에 대한 강조에서 비롯되는 것이 아니라 오히려 웰-리빙의 조건과 가치를 공동성을 기반으로 한 인문주의적 조건과 가치의 측면에서 깊게 성찰하고 그것을 실천적으로 완성하는 것을 가리킨다.

"아직 삶도 이해하지 못하면서 어찌 죽음을 이해할 수 있으랴"라는 공자의 말은 그의 죽음에 대한 태도를 뒷받침하는 것으로 자주 인용된다. 새벽에 도(道)를 알아서 밟으면 해 질 녘에 후회 없이 죽을 수 있다는 공자의 가르침은 삶과 죽음에 대한 의식적인 관심으로 볼 수 있다. 생각의 소멸은 모두 삶과 죽음에 대한 불안한 염려라는 악을 내포하고 있다. 더 생멸이 일어나거나 사라지지 않는다면 당연히 삶과 죽음도 없을 것이다. 산사람 가운데 죽음을 직접 경험한 사람은 없으며 죽은 자도 말이 없다. 우리가 알 수 있는 사실은 죽음 이전의 세상이다. 따라서 죽음의 문제는 어떻게 살고 어떻게 죽을 것인가에 관한 문제이다. 여기서 죽음의 불안과 공포를 극복하고 보다 잘 살 수 있는 지혜가 필요하다. 중국 유가에서는 죽음의 문제를 무시하지는 않았다고 본다. 현실의 삶을 더 중요시했다. 죽음은 현실의 삶의 종착역이라 생각한 것과 비슷하다.

주희는 공자의 조문도석사가의(朝聞道夕死可矣, 아침에 도를 들으면 저녁에 죽어도 좋다)는 말의 의미에 대해 "만약 도(道)를 들었다면 사는 동안은 좋은 삶을 영위할 수 있고 죽게 되면 좋게 죽을 수 있다[6]고 말한다. 이때의 도란 사물의 당연한 이치이다. 사물의 당연한 이치를 알아서 그것을 실천하며 사는 것이 우리의 인생살이이다. 사람으로서 해야 할 도리를 다하고 살면 죽음도 편안히 맞을 수 있다는 것이다.

맹자의 사생취의(捨生取義, 생명을 버리고 義를 취한다)는 어떤 의미일까? 인간은 살다 보면 삶과 죽음을 자신이 결단해야 할 경우가 있다. 이런 상황에 부닥쳤을 때 무엇을 판단 준거로 삼을 것인가? 도가에서는 이런 국면에 처하는 것을 피하려고 한다. 그러나 유학자들은 피하지 않는다. 오히려 적극적으로 대처한다. 그들이 취하는 판단근거는 의(義)다. 여기에는 용기가 필요하다. 주희는 의로움이 무엇인지를 살펴서 "죽어야 하는 것이 마땅하다면 모름지기 죽어야 한다"고 말한다. 왕수인은 천리는 사람이라면 누구나 선천적으로 지니고 있는 양지이고, 따라서 양지를 실현하면서 사는 것이 사람답게 사는 것이며, 뜻이 있는 선비와 어진 사람도 자기 내면의 양지를 실현한 것에 불과하다. 만약 우리 자신에게도 전쟁의 상황이나 맹자의

---

6. 유안(최영갑 역), 회남자. 풀빛, 2014. pp.27~30, 참조; 고대 중국사상에서 道는 원래 길(궁극적 목표, 지향점 의미)이라는 의미였지만, 점차 우주의 근원, 출발점, 우주운행의 원리 등의 의미로 사용되었다. 춘추전국시대에 오면서 유가, 도가, 묵가 기타 사상가들도 모두 자신들 사상의 목표가 리인 천도와 인간의 道라고 표현하면서 道가 함축하는 의미는 여러 가지로 분화됨. 유가에서는 하늘의 도리인 인도를 구분해서 인간 사이의 윤리적 규범인 도를 더 강조하고, 도가는 자연의 질서에 따르는 무위자연의 삶을 강조하면서 道를 우주의 근원이라는 의미로 사용했다. 묵가는 차별 없는 사랑의 道를 강조한다. 그리고 회담자에서는 노자나 장자가 말한 道의 개념을 주로 받아들이고 있다. 이는 회남자 저술 때 참여한 학자들의 주류가 도가적 이념을 가진 사상가들이었기 때문으로 추정된다. 우주 만물은 저절로 운행하고 변화한다. 이러한 자연의 질서와 변화 속에 눈으로 보이지는 않지만, 道가 존재한다는 것으로 이해된다.

사생취의의 상황이 오는 경우가 발생한다고 가정해 보면, 현재의 모든 인간은 자신의 사생관이 정립될 것인지 궁금해진다.

필립 아이반호는 현대 심리학은 죽음에 대한 인간의 반응이 부정의 한 형태라고 주장하는 경향이 있다. 이 견해에 따르면 죽음의 위협은 우리 모든 개인의 자아를 압도하여 우리 자신을 속이고 죽음이라는 명백한 사실을 잊어버리도록 작용한다. 초기 유교 전통의 독특한 특징은 죽음이 어떻게 생겨났는지에 대한 설명이 없으며, 이 세계 자체가 언제, 어떻게, 생겨났는지에 대한 설명이 없다는 점이다. 초기 유학자들은 죽음의 본질이나 기원에 대하여 궁금해하기보다는 그들은 질서가 있고 의미 있는 고귀한 삶에서 죽음과 그에 대한 우리의 반응과 대응이 어떤 위치를 차지하는지를 이해하는 데 더 많은 관심을 가졌다.

아이반호에 의하면 논어에 나타난 공자의 죽음과 임종에 관한 견해를 살펴본 결과, 공자는 육체적 죽음은 개인적 의식의 종말이라는 견해를 가지고 있었다고 생각한다.[7] 즉, 공자는 죽음 이후 개인의 생존에 대한 강한 믿음을 갖고 있지 않았다. 여기서 공자가 죽음을 두려워했는지 괴로워했는지 살펴보면 공자는 불치의 병에 대하여 혼란스러워한다. 공자가 제자인 안회의 죽음에 대해 혼란스러워하고 괴로워한 이유는 첫째, 젊은이의 죽음과 관련이 있다. 둘째, 이 젊은이들은 도덕적으로 선했고 도에 따른 삶을 영위했다. 셋째, 그들은 질병으로 죽었다. 이들의 삶이 비극적으로 끝났기에 당시 교

---

7. Philip J. Ivanhoe, Death And Dying In The Analects "Mortality In Traditional ChineseThought", State University Of New York Press. pp.118~119.

삶과 죽음에 관한 생생진담

양있는 사람들조차도 불안하고 충격적인 사건이었다. 공자는 자기 수양을 거부하는 사람은 차라리 죽는 것이 낫다는 암시까지 한다. 이런 훌륭한 젊은이들의 죽음에 특별한 윤리적 의미가 없다는 사실을 명심해야 한다는 것이다.

모든 선한 사람들은 도를 위해 위험을 감수하고 심지어 목숨까지 희생할 준비가 되어 있어야 한다. 그리고 모든 사람은 도를 수호하기 위해 가장 큰 대가를 치른 윤리적 영웅들, 예를 들어 수양산에서 굶어 죽은 백이, 숙제와 같은 형제들처럼 이들에게는 특별한 경외심과 존경심을 가지고 추모해야 한다.[8] 이런 관점에서는 잘사는 삶의 구성 요소에는 기꺼이 죽을 수 있는 원칙 이상, 가치를 갖는다는 생각이 내포돼 있다. 그런 원칙과 이상, 가치관이 없는 사람은 더 오래 더 즐겁게 살 수 있지만 그러한 삶에는 특별한 존엄성, 헌신, 명예가 빠져 있다.

도덕적으로 헌신적인 삶을 살다가 죽음에 이른다면 모든 죽음과 마찬가지로 슬픔의 원인이 되지만 과도한 슬픔을 느낄 필요는 없다. 왜냐하면 한평생을 살아온 선한 사람의 죽음과 마찬가지로 그러한 삶은 인간의 운명에서 가장 중요한 윤리적 부분을 충족시키는 것이며, 이 점에서 적절하고 타당한 것이기 때문이다. 그러나 촉망받던 청년이 질병이나 사고와 같은 재난으로 사망하는 경우는 전혀 다른 경우로, 인간으로서의 진정한 운명을 완수할 기회를 박탈당하는 것이다. 이런 경우는 정말 비극이며 공자가 자신의

---

8. ibid., p.121.

젊은 제자 안회의 죽음에 대해 과도한 슬픔을 표하는 것을 볼 수 있다.

죽음이 나쁜 것은 우리가 지금 가지고 있는 것과 아직 합리적으로 가질 수 있는 것을 잃게 된다는 것이다. 죽음이 우리에게 주는 의미를 이해한다는 것은 죽음이 우리에게 무엇을 빼앗아 가는지를 이해하는 것이다. 일반적으로 죽음은 우리에게 삶과 삶을 살아갈 가치가 있게 하는 다양한 것들을 박탈한다. 이것은 죽음을 이해하려면 적어도 삶의 의미를 이해해야 한다는 것을 의미한다. 삶이 실제로 무엇인지 이해하면 죽음의 의미를 이해하는 데 필요한 정보를 얻을 수 있다는 것이다. 그리고 죽는다면 무엇을 위해 죽을 가치가 있는가와 같은 보다 구체적인 질문에 답하는 데 도움이 될 것이다. 공자에 따르면 설령 심하게 무질서한 시대에 살고 있다고 하더라도 미래의 유토피아나 보상이 아니라 당면한 현실의 과제에 집중해야 한다고 한다. 유교의 도(道)는 실제 인간의 삶 속에서 실현되고 실현될 때만 소중하며, 인간은 도를 채울 수 있다. 도가 인간을 채울 수는 없다는 것이다.

공자는 더 밝은 미래를 희망하고 노력하지만 그렇다고 해서 일상을 놓치지 않는데, 그 이유는 더 나은 목표를 향한 유일한 길은 후자를 개선하고 완성하기 위한 지속적인 노력으로써만 가능하기 때문이다. 따라서 인간의 삶에 대한 공자의 이해는 죽음이라는 필연적인 결론에 대한 현실적이며, 인간적인 이해가 내포되어 있다는 점은 당연한 사실로 다가온다. 유교문화권에서는 인간은 살기 위해 태어나는 것이지, 죽기 위해 태어나는 것이 아닌 존재로 본다. 따라서 태어남이 먼저이기 때문에 삶에 충실하면 되는 것이다. 죽음은 삶의 결과이고 삶의 마지막 부분으로 보면 되는 것이다. 중국인

삶과 죽음에 관한 생생진담

들은 현실의 삶에 충실하며 내세의 삶과 죽음, 죽음 이후의 세계에는 관심을 두지 않는다는 사실을 알려주는 다음과 같은 일화가 있다.

어느 부잣집 아이의 돌잔치에서 "이 아이는 장수할 것입니다." 혹은 "이 아이는 성장하여 벼슬을 할 상입니다"라고 주인에게 축하 인사를 한 손님들은 커다란 선물과 대접을 받았다. 하지만 "이 아이는 언젠가 죽을 겁니다"라고 사실을 말한 손님은 주인으로부터 문전 박대를 당하고 쫓겨났다는 얘기이다.

유교문화권에서는 이 일화가 지금도 통할 것이다. 죽음을 부정적으로 보는 시각이 존재하기 때문이다. 그러나 한편으로 생각해보면 죽음이라는 명백한 사실에 대하여 우리는 하루에 5분이라도 생각할 시간을 가져본 적이 있는지 반문해 보지 않을 수 없다. 죽음이 부정적이고 나쁜 것은 갑자기 나의 삶의 모든 것을 빼앗아 가기 때문이다. 죽음에 대해 생각하면 할수록 본인의 삶에 대하여 생각할 수밖에 없다. 한 번뿐인 인생 어떻게 살아야 하나? 그리고 어차피 죽는 것도 당연한 인생의 필연적 과정이기 때문에 죽을 때는 즐겁게 죽어야 하는데 어떻게 죽을 것인가에 대하여 생각하지 않을 수 없는 것이다.

유가 학자들은 불교, 도교, 서양철학의 전통에서 중요한 문제로 다루어져 온 죽음 문제를 간과한 채 삶의 가치와 의미에 큰 관심을 기울여 왔다. 명나라 중기 이전의 유교 문헌에서 죽음에 대한 문제는 상대적으로 소외된 것이 사실이다. 그 이유는 대부분 유학자가 죽음을 일상생활의 평범한 사건으로 취급하기 때문이다. 신 유교 전통에서 죽음은 궁극적인 관심사였다. 송나라 시대까지만 해도 공자의 태도를 따르는 유학자들은 기본적으로 죽음을 불가피한 자연스러운 현상으로 간주하고 큰 논의 없이 평화롭게 죽음을 맞이했다. "살아서는 관용하고 봉사한다. 죽어서도 나는 평화로울 것이다"라고 장자는 그의 유명한 서명(西明)에서 말했다.

명나라 중후반기 도가 인식의 중심을 이루었다는 왕양명의 추종자들은 죽음에 대한 탐구를 불교와 도교의 전통에서만 속하는 것이 아니라 유교 전통의 본질적인 차원으로 이해하게 되었다고 주장한다.[9] 왕양명의 가장 뛰어난 제자 중 한 명인 왕이러(1498~1583)는 죽음 문제를 어떻게 해결할 것인가에 대한 질문은 유교 현자의 학문에서 필수적인 부분이어야 한다고 주장하였다. 왕양명은 이미 삶과 죽음에 대한 생각은 삶과 함께 뿌리를 내리고 생겨나기 때문에 제거하기가 매우 어렵다고 인정했다.[10] 죽음에 대한 두려움은 인간의 본성일 뿐만 아니라 일반 사람들의 도를 추구하는 동기를 구성한다.[11] 사람들이 죽음에 대한 두려움이 클수록 도를 추구하는 동기가 강해진다.

죽음에 대한 두려움이 유교 전통의 궁극적인 관심사의 필수적인 부분을 차지한다는 사실을 인정하면서 명나라 중후반의 상당수 유교 지식인들은

---

9. Guoxiang Peng, Death As The Ultimate Concern In The Neo-Confucian Tradition/Wang Yangming's Following As An Example,international journal of budhist thought&culture, vol.28, 2018. pp.59~60.
10. ibid., pp.63~67.
11. ibid., pp.70~75.

더 일반적으로 그런 사고방식을 부정하지 않았다. 오히려 죽음에 대한 두려움을 인정하기 시작했고, 이를 유교의 도를 추구하는 동기로 전환할 수 있는 중요한 내적 경험으로 여겼다. 이런 인식은 청하오 같은 송나라 유학자들이 주장한 견해와 모순되는 것처럼 보이나, 이는 이런 유가 사상을 더욱 발전시킨 것으로 이해하여야 한다. 죽음에 대한 태도, 즉 정신적 육체적으로 평온하게 죽음을 맞이할 수 있는지가 유교적 도의 최고 단계에 도달했는지를 측정하는 중요한 지표였음을 강력하게 암시한다.

명나라 중후반 유교 전통에서 일어난 죽음에 관한 중요한 변화는 삶과 죽음에 대한 관심은 불교와 도교 전통의 예리하고 오랜 초점이었으며 특히 불교는 죽음 분석에 풍부한 자료를 제공했다. 왕양명의 추종자들은 불교사상과 수행이 상호작용하고 융합되어 죽음에 대한 명나라 중후반 유교 전통에서 일어난 죽음에 관한 중요한 변화는 첫째, 죽음에 대한 명시적으로 이야기하는 것을 금기시하던 금기가 깨지고 죽음에 대한 관심이 당대 주요 유교 인들의 사이에서 주요 논의의 주제가 되었다. 둘째, 삶에 대한 욕망과 죽음에 대한 두려움은 일반적인 인간 본성의 표현일 뿐만 아니라 적절히 변형될 경우에 유교의 길을 추구하는 강력한 동기로 긍정적으로 평가되었다. 셋째, 정신적, 육체적 불만 없이 죽음에 직면할 수 있는지가 유교적 도를 따라 정신적으로 발전했는지를 평가하는 중요한 기준이 되었다.

삶과 죽음에 대한 관심은 불교와 도교 전통의 예리하고 오랜 초점이었으며, 특히 불교는 죽음 분석에 풍부한 자료를 제공했다. 왕양명의 추종자들은 불교사상과 수행이 상호작용하고 융합되어 죽음에 대한 강력한 관심을 끌게 된 자연스러운 결과였다. 공자의 말은 죽음을 이해하는 올바른 방향은 삶에서 죽음으로 가는 것이지 죽음이란 무엇인가를 아는 것이 전제 조건이 되는 것이 아니라는 것을 간과하거나 그 반대로 말하지 않는다. 불교와 유교는 세속적 지향이 불교에 누적된 영향의 결과였고, 불교와 유교는 삶과 죽음에 대한 관점에서 수렴하고 있었다. 그러나 불교는 육도 윤회에 대한 믿음을 바탕으로 결국 사후세계에 대한 의지를 포기할 수 없었고, 여전히 이 세상의 고통의 심연을 벗어난 초월적 극락으로서의 정토를 기원하였다. 바로 이 지점에서 불교는 왕양명의 추종자들이 죽음으로부터 해탈을 추구했던 방식과 뚜렷한 대조를 이룬다.

불교와 유교의 차이점은 존재론적 대조에 있다. 존재론에 관한 유교의 입장은 실재론에 가깝지만, 불교의 입장은 정반대이다. 즉 전자는 有(존재)에 호소하는 반면 후자는 무(無) 또는 공(空)에 의존한다. 반대로 불교적 관점에서 죽음은 우리 삶을 구성하는 원인과 조건이 흩어지는 것을 의미한다. 삶은 영원한 실체가 없다. 삶의 본질로서의 공허함이 드러나는 것은 바로 죽음을 통해서이다. 왕양명의 추종자들에게는 도덕적 자아의 표현인 선천적 지식은 실제로 시대를 초월해 절대 사라지지 않는다. 왕지가 말했듯이 그것은 거대한 우주와 동일시되며 만겁을 거쳐도 영원히 존재한다고 한다. 불교의 공(空)과는 근본적으로 다른 관점이다.

삶에서 죽음은 낮의 밤과 마찬가지로 종결이나 단절이 아니라 영원한 연속성의 끝없는 순환이다.[12] 따라서 유교의 죽음 초월 방식은 도덕적 자기 수양을 통해 유한한 자연적 삶을 무한한 영성으로 승화시키는 것이다. 다른 한편으로는 이런 초월의 이면에는 처음에는 생명 에너지에 의해 정의된 존재론적, 우주론적 근거에 있으며, 결국에는 우주의 위대한 미분화 상태로 돌아간다. 실제로 생성이나 종말은 없다. 일반적으로 삶과 죽음은 개별적인 육체적 생명의 출현과 소멸이라는 관점에서 생각하지만 우리는 기의 끝없는 순환과 존재의 연속성이라는 관점에서 삶과 죽음을 생각하면, 육체적 생명의 출현과 소멸은 좁은 생사 개념에 집착하는 마음의 산물일 뿐이다.

우주에는 다양한 유형의 존재 변화와 생명 에너지의 보존만이 존재할 뿐이다. 이런 관점에서 보면 삶과 죽음은 사실상 존재하지 않는다. 삶과 죽음을 이해하고 초월하는 방법에 관하여 가오와 류가 죽음으로부터 해탈을 얻는 유교의 방식과 불교의 방식의 차이는 유교의 유(有)와 불교의 무(無) 존재론의 대비에서 비롯된다는 주장을 다시 한번 보여주었다.

이 글을 시작할 때 제기했던 문제로 돌아가 보면 우리는 명대 중후반 유학자들과 특히 왕양명 추종자들의 관심을 끌었던 궁극적인 관심사로서 죽음을 자세히 조사하였다. 그 결과 우리는 유교 전통이 불교와 관련하여 죽음의 문제를 공통적이고 궁극적인 관심사로 더 무시했다고 말할 수 없다는 것을 알게 되었다. 그래서 우리는 살아있을 때 죽음을 생각하며 대비해야 한다. 또한 이러한 사실이 삶과 죽음이 연결된 이유이다.

---

12. 한정길, '송명 이학가들의 생사관, 동양고전 속의 삶과 죽음', 한림대학교 생사학연구소, 2018. pp.89~98.

우리는 주변에서 타인의 삶과 죽음을 보면서 직접 느끼기도 하지만, 반대로 간접적으로도 많은 경험을 얻을 수 있다. 필자는 그런 예를 헬렌 니어링이 1992년에 출판한 소설 〈아름다운 인생의 사랑과 고별〉이란 책에서 많은 영감을 얻었다.[13] 그들의 오두막집을 방문한 사람들은 '왜 그들의 저작 속에서 종교를 언급하지 않는지?' 혹은 스콧 니어링에게 '하나님을 믿느냐'고 묻거나, 혹은 전도를 하려는 사람들도 있었다고 한다. 스콧은 97세 때인 1980년 호기심 많은 한 방문객의 물음에 대해 "하나님을 믿느냐고 나에게 묻기 전에 하나님이 무엇을 의미하는지 먼저 나에게 말해야 한다"고 말하면서 "당신이 말하는 하나님은 무엇을 뜻합니까?" 되묻는다.

"우리 모두를 결합하는 힘(사랑)의 정신이다"라고 하는 방문자의 대답에 당신의 정의에 공감한다고 말하면서, 스콧 니어링은 "당신의 하나님에 관한 정의에서 '우리'라는 단어를 빼고 '일체 만물'이란 단어로 바꾸어야 한다. 왜냐하면 당신이 말한 정의는 우리 인류에게만 해당하기 때문이다"라고 말하였다. 스콧 니어링 부부는 "우주의 본모습은 모든 것을 보듬고 있는 것"이라고 믿었다. 따라서 "하나님은 모든 것이라고 정의할 수 있다"고 말한다. 니어링 부부는 일종의 범신론이나 도가의 무위자연(無爲自然)과 같은 고도의 정신적인 그 무엇을 인정하는 것이다. 그들은 죽음은 일종의 과정이지 생명의 끝이 아니며 삶과 죽음은 두 생명의 영역에서의 출구와 입구라고 여겼다.[14] 우

---

13. 부위훈(전병술 역), 죽음, 그 마지막 성장, 청계, 2001. pp.119~131. 헬렌 니어링의 '아름다운 인생의 사랑과 고별' 참고.
14. 핼렌 니어링, 스콧 니어링(류시화 역), 조화로운 삶, 40주기 고침판 2023. p.277.

리는 죽음이 다가올 것을 알고 있으며 죽음을 기다리고 있다. 하루의 일과가 끝나면 밤이 찾아와 수면의 축복이 다가오듯 죽음은 아마도 더 큰 하루의 시작일 것이다. 깊은 잠에 빠지면 우리는 아무런 기억이 없다. 죽음도 이와 비슷하지 않을까?

스콧 니어링은 죽기 전 다음과 같은 비망록을 남긴다.

"죽음이 닥치면 되도록 빨리 죽고 싶소. 그러니 여러 응급조치를 하지 마시오, 모두 비통함을 표시하지 않기를 바라오. 내 침상의 주위 사람들이 안정과 존엄을 유지한 채 이해와 즐거운 마음으로 평안하게 죽음의 체험을 함께 나누길 희망하오! 할 수 있는 한 삶에 최선을 다하고 즐거운 마음으로 희망을 간직한 채 이 세상을 떠나고 싶소! 죽은 뒤에는 친구들이 평상시의 작업복을 입힌 채 나의 시신을 소박한 나무관에 넣기를 바라오! 관에 아무 장식도 하지 마시오. 화장터에서 화장 후 장례식은 하지 말고, 종교계 인사들이 집전하는 것은 원하지 않고 화장 후에는 가족이나 친구들의 손에 의해 우리 집 나무 아래 뿌려지길 희망하오! 나는 지금 맑은 정신으로 이상과 같이 요청합니다. 부디 나의 요청을 존중해 주십시오!"[15]

백 세 생일 한 달 전 스콧은 이제부터 아무것도 먹지 않겠다고 주위 사람에게 선언 후 마실 것 이외는 아무것도 손대지 않았다. 그는 계획적으로 자신의 아름다운 인생과 이별할 시간과 방식을 선택한 것이다. 백 세 생일이 지나서 보름 후 스콧은 호흡을 멈추고 "모든 것이… 좋아"라며 마지막 숨을

---

15. ibid., PP.280~281.

거둔다.

인간의 죽음은 끝이 아닌 후손과 주변 관계인들에게 계속 회자하면서 사상과 추억이 전달되고 전파되기 때문에 인간의 죽음은 이 세상과 단절이 아니며 지속해서 연결되는 정신적 삶의 연속이다. 육체적으로는 자신의 DNA를 후대에 전달하고 떠나간다. 죽음은 아침에 일어나 눈을 뜨고 나서 '아! 아직 나는 살아있구나!' 이런 느낌이 없다면 나는 죽은 것, 영면한 것일 수도 있는 것이다.

지구와 사회 인간을 보는 방법은 개체론적 접근과 전체론적 접근법이 있다. 서양의 주요 흐름은 기체론적이다.[16] 초기에는 환경보존을 위하여 생명을 존중하자는 시각도 개체론적 방법에 따랐다. 인간 중심의 환경주의는 인간 개인마다 이성을 가진 자유로운 존재로서 생명과 자유 행복추구와 같은 권리를 가지기 때문에 인간의 그것을 존중하기 위해서 자연을 보호하고자 하였다. 또 같은 방법으로 동물과 생물의 생명을 존중하고자 하는 접근도 나타났다.

이런 접근법이 개체로서 인간 생명이나 동식물 생명존중에 유리하지만, 자연보전에 적합할 수 없다고 보았다. 개체론적 접근이 한계에 봉착하자 서양에서는 전체론적 접근에 의해 자연에 다가가는 시도가 나타났고, 지구 가이아 또는 생태 중심주의가 펼쳐졌다. 가이아 가설은 지구 생명체에 대한 새로운 자각을 조성함으로써 지구를 경외하게 만드는 데 기여했고, 심층 생

---

16. 한면희의 생명존중의 동아시아 환경윤리, 대동문화연구 37집, 2000. pp.89~90.

태주의가 대변하는 생태 중심주의는 아름다운 생태계와 멸종에 처한 종 보전에 탁월한 지혜를 가져다주었다. 그러나 한계도 드러났다. 가이아 가설의 경우, 자연 그 자체를 위해서 자연보호를 해야 할 필요성이 약화하게 되었다. 심층 생태주의의 경우, 인간의 지위가 동식물의 그것과 같이 격하된 상태에서 자연의 법칙에 맡겨질 때 자칫 반인도주의로 미끄럼을 타게 되는 결정적 한계에 봉착할 수가 있다. 서양의 생명존중 접근이 다소 한계에 봉착하게 된 연유가 여기에 있다고 본다. 개체론적 접근은 개체 생명체 존중에 치우치는 과정에서 집합적 개념으로서 생태계와 종 보전을 간과하는 우를 범하게 되지만, 전체론적 접근은 전체로서의 지구를 생명 실체화하거나 또는 그것으로 미끄럼을 타게 됨으로써 지구나 생태계 보전에 대단히 유리하다. 하지만 인간을 비롯한 개체 생명의 안위를 무시하게 되는 결과로 나타난다는 문제가 있다.

서양의 환경윤리와 생명 사상이 이렇게 흐른 데에는 서양 전통과 생활 양식의 특징과 한계에서 비롯되었다고 보인다. 서양과 달리 동양, 특히 동북아시아에서는 고유한 생명 문화가 생활 속에서 뿌리를 내리고 있었기 때문에 문제를 더욱 잘 풀 수 있는 해법이 존재한다고 본다. 기생태주의는 인체를 생명 실체이자 생명의 장으로 보지만, 각 장기를 생명 실체로 간주하지는 않는다. 마찬가지로 인간을 비롯한 개별 생명체를 생명 실체로 보지만, 자연을 생명 실체로 간주하지 않고 생명의 장으로만 인식한다. 자연적 존재는 각각의 생태학적 역할을 함으로써 고유한 기를 생산하고, 그리고 이것은 생명의 그물망인 생태계를 통해 자연으로 전해져서 모든 자연적 존재가 생명 에너지로 삼아 더불어 살아갈 수 있게 된다.

기생태주의는 인간의 시각으로 자연의 생기와 시기를 분별하여 파악함으로써, 사기 조성을 차단하고 생기가 흐르도록 함으로써 인간 자신의 생명은 물론 인간의 생명이 의지하게 되는 생명의 장을 보전하고자 한다. 그것은 물질 중심의 산업 문명이 인간만을 위한 성장으로 치달으면서 자연의 생명 부양 여력을 과도하게 초과하고 또 그 과정에서 현재의 동식물 존재와 인간에게 극도로 해로운 오염물질을 배출하는데, 이것을 자연의 생기 왜곡과 사기 반출에 따른 문제로 파악한다. 그리고 그 해법으로 인간의 문화 유지에 따른 사기 배출량이 사기를 생기로 바꾸는 자연의 정화량과 인간의 생태 친화적인 과학기술에 의한 사기의 생기 정화량과 같아지도록 제어함으로써 지속 가능한 문화를 구축하고자 한다. 이것은 생명을 죽이는 현 생활 양식을 새롭게 바꾸는 것에서 출발하는 것이다.

그리고 그런 생활 양식의 원형을 동아시아에서 찾을 수 있다고 본다. 물론 문화 공동체의 구성원 각자는 자유를 구가하는 가운데 서로 협력하여 선을 이룰 것이다. 이 과정에서 서양의 생태주의 사상은 건강한 사회제도 형성에 중요한 통찰을 제공해 줄 것이다. 따라서 동서양의 자연 친화적 생태주의 사상과 윤리가 합세하여 인간의 건전한 생명 문화를 조성하되, 그것이 생명의 원천으로 생태계와 자연을 보전하는 데까지 이를 수 있게 될 것이다.

카프라에 의하면 생태학적 세계관의 기본원리는 우리 시대의 주요한 문제들인 핵전쟁의 위협, 자연환경의 황폐화, 전 세계 빈곤과 기근에 대한 무방비 등에 대한 현재 변화하고 있는 패러다임들의 사회적 의미를 연구하는 것이다. 이 새로운 세계관을 세계를 분리된 부분들의 집합체라기보다는 통합된 전체로 보는 전일적 세계관 또는 생태학적 세계관이라 부른다. 이런 생태학적 인식은 모든 현상이 근본적으로 상호 의존하고 있으며 개인과 사회가 자연의 순환 과정에 깊이 관련되어 있음을 깨닫게 해준다.

생태학적 패러다임은 현대과학의 지지를 받고 있다. 또한 이것은 정신적인 자각이기도 하다. 모든 현상에 대한 경험을 근본적인 일치(oneness)가 드러나는 것으로 자각하는 것은, 동양적 세계관이 공통으로 가지는 중요한 특징이며, 모든 신비주의적 전통의 본질이요, 동양적 세계관의 본질이라고 말할 수 있다. 또한 우주를 기본적 실제가 없는 관계들의 그물로 보려는 견해는 동양적 사고의 특성이다. 이는 대승불교에서 가장 명료하고 상세하게 표현되고 있다. 물리학과 불교 철학이 매우 일치한다는 점은 〈현대물리학과 동양사상〉 저서에서 잘 나타나고 있다.[17]

이러한 새로운 개념의 틀은 즉시 중요한 의문들을 불러일으킨다. 만일 모든 것이 그 밖의 다른 것들과 관련을 맺고 있다면, 우리는 어떻게, 어떤 것을 이해하기를 바랄 수 있겠는가? 모든 자연 현상은 궁극적으로 상호 관련을 맺고 있으므로 그들 가운데 어느 하나를 설명하기 위해서는 나머지 다른 것들을 이해할 필요가 있다. 하지만 그것은 불가능하다. 이에 대한 대답은 과학자는 실제에 대한 제한적이고 근사적인 기술들을 다룬다는 것이다,

---

17. 카프라, 생태학적 세계관의 기본원리, 현대물리학과 동양사상, 범양사, 2002. pp.95~98.

이런 기준에 대한 가장 멋진 표현은 파스퇴르의 "과학은 잠정적인 대답을 통해서 자연 현상의 본질에 더욱 깊이 도달하려는, 일련의 더욱 미묘한 물음들을 향해 나아간다"는 이 말에서 찾을 수 있다.

카프라는 핵 파괴의 위협과 자연환경의 황폐화에 직면한 인류가 생존할 수 있는 길은 우리의 과학과 기술의 바탕, 이유, 방법들과 가치들을 근본적으로 변화시킬 수 있을 때만 가능할 것이라 믿는다. 그는 인간을 포함하고 있는 자연을 지배하고 통제하려는 태도로부터 협조와 비폭력의 태도로 전환할 것을 주장한다.

그의 기본 주장에 대한 비판 중에서 대표적인 세 가지를 소개하면 다음과 같다.

첫 번째는 오늘날의 과학적 사실들은 내일의 연구로 무효가 될 것이라는 주장이다. 이 주장은 확고한 것 같지만 과학적 연구의 본성에 대한 오해에서 비롯된 것이다. 그 주장은 과학에 절대적 진리가 없다는 점에서 옳다. 새로운 이론은 절대로 옛날의 이론을 무효로 만들지 못한다. 이전에 근사적이었던 이론을 개선할 뿐이다.

두 번째는 물리학자들과 신비주의자들은 두 개의 다른 세계에 대해서 말하고 있다는 주장이다. 그들에 따르면 물리학자들은 일상적 현상과 관련 없는 양자적 실제를 다루며, 반면에 신비주의자들은 거시적 현상, 즉 양자 세계와는 거의 관련이 없는 일상적인 세계의 사물들을 다룬다. 우선 우리는

삶과 죽음에 관한 생생진담

양자적 실제가 거시현상과 전혀 무관한 것이 아니라는 사실을 알아야 한다. 예를 들어 일상세계에서 고체성은 특정한 양자효과의 직접적인 결과이다. 물리학자와 신비주의자들은 이 하나의 실재의 다른 양상들을 다룬다.

세 번째 비판은 물리학자와 신비주의자들이 실재를 다른 수준에서 다룬다는 것에 동의하지만, 신비주의자들이 다루는 수준은 더 낮은 수준의 물리적 현상을 포함하는 보다 높은 정신적 수준이지만, 물리적 수준은 정신적인 것을 포함하지 않는다는 주장이다. 하나의 수준은 높고 하나의 수준은 낮다고 말하는 것은 그물로 비유하지 않고 건물로 비유하던 옛날 패러다임의 사고의 유물이다. 그러나 그는 물리학이 생명, 마음, 의식, 정신, 등과 같이 실재의 다른 수준들에 대해서는 아무 말도 하지 않는다는 데는 동의한다. 물리학은 그런 수준들에 대해서 아무 말도 하지 않지만, 과학은 그렇지 않다. 과학의 새로운 패러다임은 지난 수십 년간 사이버네틱스에서부터 나타났던 살아있는 자기 조직화 시스템 이론에서 가장 적절한 모습을 찾을 수 있다고 믿어진다. 그것은 살아있는 유기체, 사회체제, 생태계, 등에 적용될 뿐만 아니라, 생명, 마음, 물질, 진화 등에 대한 하나의 통합된 관점으로 이끌 수 있는 이론이다. 이런 시스템들에 대한 접근은 물리학과 신비주의 사이의 유사점들을 확증시켜주며, 자유의지의 개념, 삶과 죽음의 개념, 마음의 본성 등과 같이 물리학의 수준을 넘어서는 다른 것들을 추가한다. 그리고 이들 사이에는 심오한 조화가 있다.

지금까지의 서양철학과 과학은 지나칠 정도로 남성 중심적이며 관계보다는 성장을 중요시하였고 조화보다는 효율을 우선시하였다고 볼 수 있다. 그 결과로 오늘날 돌이킬 수 없을 정도로 환경오염과 이상기후, 그리고 대량파괴 무기인 핵탄두를 만들어 서로 위협하는 상황까지 와 있다. 현재의 인류는 브레이크 없는 자동차를 탄 느낌으로 하루하루를 살아가고 있는 듯하다. 모두가 잘못된 것을 알고는 있지만 멈출 방법을 모른다. 그는 비극적 미래를 경고하기 위해 물질문명과 자본주의를 비판하고 신과학운동이나 환경운동을 제안하지만 이런 것들이 각 나라의 내셔널리즘 앞에서 눈 녹듯 사라지는 현실을 자주 본다. 인간은 자신을 파멸의 길에서 구할 수 있을까? 최후의 보루인 교육에서 답을 구해야 할 것이다. 후대에 올바른 정신과 이성적 판단력을 전달해야 한다.

일반적으로 삶과 죽음은 개별적인 육체적 생명의 출현과 소멸이라는 관점에서 생각하지만 우리는 기의 끝없는 순환과 존재의 연속성이라는 관점에서 삶과 죽음을 생각하면, 육체적 생명의 출현과 소멸은 좁은 생사 개념에 집착하는 마음의 산물일 뿐이다. 우주에는 다양한 유형의 존재 변화와 생명 에너지의 보존만이 존재할 뿐이다.

이런 관점에서 보면 삶과 죽음은 사실상 존재하지 않는다. 삶과 죽음을 이해하고 초월하는 방법에 관하여 죽음으로부터 해탈을 얻는 유교의 방식과 불교의 방식의 차이는 결국, 유교의 유(有)와 불교의 무(無) 존재론의 대비에서 비롯된다는 점과 유교 전통이 불교와 관련하여 죽음의 문제를 궁극적인 관심사로 무시했다고 말할 수 없다는 것을 알 수 있다.

2) 서양의 죽음관

가. 그리스적 시각

고대 그리스 철학에서 언급되는 죽음(Tanathos)의 기원은 호메로스의 '일리아드'에 등장하는 종교적이며 시적 의미를 지닌 죽음이다. 그러나 그리스 자연 철학자들에게 있어서 아직 죽음의 개념은 명확히 주목받지는 않았다. 탈레스는 우주 자연의 본바탕은 물이라고 하였고 아낙시만드로스는 무한정자(無限定者)만이 본바탕이라 주장하였다. 당시 인간에게 죽음은 인간 존재의 종말이 아니고 자연 세계의 생성소멸이라는 과정에 속하는 하나의 사건으로 생각됐다.

그리스 초기의 자연 철학자 중 처음으로 죽음이라는 단어를 사용한 철학자는 헤라클레이토스이다. 그는 죽음을 생성변화의 순환 과정에 속한다고 보고 이런 사고는 현대까지 전해진다. 그의 말에 의하면 우리가 삶이라 부르는 것은 죽음이고 죽음은 삶이다. 그는 만물은 유전한다고 보았다. 그가 보기에 죽음은 만물이 유전하는 과정 중의 한 점이다. 엠페도클레스에 이르러 탄생이라는 것은 네 가지 본바탕, 즉 물, 불, 공기, 흙이 혼합된 것이고 죽음은 사물들이 본바탕으로 해체되는 것이라 주장한다. 데모크리토스는 자연 사물의 본바탕을 원자라 하며 자연과 정신의 모든 근원이 물질적 원자이며 결합에 의해 자연사물이 생기고 해체되면 사물의 소멸이 일어난다고 주장한다. 그가 생각하는 죽음은 영혼 원자들과 신체 원자들의 우연한 결합의 붕괴이다. 그들은 죽음을 자연 현상의 한 과정으로 본 공통점이 있다.

그리스 말기 에피쿠로스는 데모크리토스의 사상을 계승하여 원자는 오직 감각 경험에 의해서만 알 수 있다고 하여 경험론적 유물론의 입장을 확고히 한다. 그의 죽음에 대한 견해는 살아있는 동안 죽음은 존재하지 않는다. 죽음이 존재한다면 우리는 다시는 존재하지 않는다. 그는 삶과 죽음이 서로 대치되는 개념으로 보았다.[18]

기독교의 죽음관의 기초가 되는 플라톤의 죽음관은 자연과학자들의 죽음관을 종합하였다고 볼 수 있다. 플라톤은 피타고라스학파의 영향을 받아 영혼 및 신체에 관해 죽음을 언급한다. 이 학파는 영혼은 신으로부터 생긴 순수한 것인데 잘못을 범해 벌을 받아 신체라는 감옥에 갇힌 것이라고 주장한다. 영혼을 신성시하고 신체를 죄악시하는 기독교 관점은 피타고라스학파의 영향이 컸다. 플라톤에게 있어서 신체의 감옥으로부터 영혼을 해방할 방법은 죽음뿐이다. 그리고 그곳에 존재하는 이데아의 세계는 영원한 것이며 모든 사물은 이데아를 가지고 있다. 인간이 죽으면 영혼이 해방되어 새 삶을 얻는다. 그래서 플라톤은 죽음은 삶의 종말일뿐만 아니라 시초라고 주장하였다. 플라톤의 이런 죽음관은 플로티노스를 거쳐 중세 기독교의 아우구스티누스에게 커다란 영향을 주었다. 기독교의 사후 심판과 내세관은 이러한 그리스의 자연 철학적 전통의 맥락 속에서 형성되었다.

---

18. 강영계, 죽음학 강의, 새문사, pp.304~310.

나. 유대교, 기독교적 시각

기독교의 창시자인 예수는 유대인으로 태어났지만, 유대 예언자가 아닌 구세주와 신의 아들이란 이중 신분으로 출현하여 그리스도라 불린다. 유대교와 기독교에 이어 성립한 이슬람교에서는 예수를 다만 위대한 예언자로 인정할 뿐 그리스도라 여기지 않는다. 이점이 같은 창조주를 모시는 기독교와 유대교 및 이슬람교 사이에 존재하는 가장 큰 기본 견해차며, 이로 인해 수천 년간 십자군 전쟁, 나치 유대인 학살, 전후 중동전쟁 등 무수한 전쟁을 일으킨 원인이다.

구약성서 창세기에 의하면 하나님은 인류의 조상 아담과 하와를 창조하고 선악과를 따먹은 죄로 진흙으로 만든 자 진흙으로 돌아가라는 죽음의 형벌을 내린다. 이것이 고대 유대교와 기독교의 죽음 기원에 대한 해석이다.[19]

그러나 유대교와 이슬람교는 원죄의 존재를 부정하므로 예수가 그리스도라는 것을 절대 인정하지 않는다. 유대교와 이슬람교는 아담의 죄악 때문에 죽음이 나타났을 뿐, 아담 이후 모든 인류가 태어나면서부터 원죄를 껴안고 태어나지는 않았다는 것이다. 그러나 바울은 인간은 원죄를 지녔기 때문에 자신의 힘으로는 극복할 수 없고 스스로 참회하고 개과천선하고 하나님의 용서를 얻어 속죄하고 죽음에서 해방될 수 있다고 주장한다. 천지창조, 예수 부활, 구원과 영생 등 근본적 사실을 포기한 뒤에도 기독교가 여전히 성립할 수 있을지는 의문의 여지가 있다.

---

19. 부위훈, 죽음, 그 마지막 성장, 청계, 2001. pp.146~159.

예수는 누가복음에서 "자기를 높이는 자는 낮아지고, 자기를 낮추는 자는 높아지리라"(18장 14절)고 하였다. 이는 노자의 "귀함은 천함을 바탕으로 삼고, 높음은 낮음을 바탕으로 삼는다"(노자 39장)는 말과 무엇이 다른가? 또한 예수는 "비판하지 말라, 그러면 너희가 비판을 받을 것이다. 정죄하지 말라, 그러면 너희가 정죄를 받을 것이다. 용서하라, 그러면 너희가 용서를 받을 것이다"(6장 37절)라고 하였다. 이 말은 "남을 탓하지 말고 자신을 탓하라"는 공자의 자율정신과 매우 흡사하다.

예수의 "자신이 이룩하려 하면 남에게 베풀어라"는 말은 "자신이 하기 싫은 것을 남에게 시키지 말라"는 공자의 서도(恕道)정신과 어깨를 나란히 한다. 도(道)와 덕(德)을 존귀하게 여기는 까닭은 "만물을 간섭하는 데 있지 않고, 스스로 살아가도록 놓아두는 데 있다"는 말로 바꾸어 보면, 기독교와 도가(道家)가 이구동성으로 근심과 걱정 없는 자연 무위의 정신생활을 노래하고 있다는 것을 알 수 있다. 예수의 "내일의 일을 위하여 염려하지 말라"는 말과 "내일의 일은 내일 염려할 것이며, 하루의 괴로움은 그날에 족하느니라"는 말은 마조선사의 "평상심(平常心)이 도(道)이다"라는 말과 절묘하게 일치한다. 사마리아 사람이 '하나님 나라의 도래'에 대해 예수에게 물었을 때 예수는 "여기 있다거나 저기 있다고 말하지는 못하리니, 하나님의 나라는 너희 안에 있느니라"(17장 21절)고 하였다. 예수의 이 말은 불교의 "마음이 깨끗하면 모든 것이 깨끗하고, 마음이 더럽혀지면 모든 것이 더럽혀진다"는 말과 합친다면, 마음이 곧 지옥과 천국을 건설한다고 할 수 있다. 즉 "마음이 깨끗하고 선하면 천국이 되고, 마음이 더럽고 악하면 지옥이 된다"

고 말할 수 있다.

예수를 불타와 장자의 뒤를 잇는 뛰어난 정신치료 전문가이자 일류 선사라고 비유하는 이도 있다. 우리가 기독교와 도교 및 선종이 각각 사용하고 있는 천국, 천도, 불국 등 언어의 장벽을 넘어 각각에 내재한 심오한 정신을 바라본다면 예수와 장자, 및 선사들이 도달한 해탈의 경지에 우열을 매길 수는 없을 것이다. 따라서 제도화된 기독교의 난제들이 있기는 하지만 예수가 몸소 실천했던 기독교의 박애 정신, 및 생사의 대립을 뛰어넘는 종교 정신에 찬사를 보낼 수밖에 없으며, 예수의 어록은 죽음 교육에 활용할 풍부한 자료를 제공한다.

또한 서양의 죽음관도 동양의 죽음관과 유사한 면들이 있으며, 거기서 파생된 종교들도 형식은 상이할 수 있지만, 근본정신과 지향점은 불교, 유교, 기독교 모두 하나의 방향으로 통하는 것을 알 수 있다.

2. 한국인의 죽음관 및 죽음 교육

1) 죽음 교육의 목적

죽음 교육은 지금까지 금기로 묶여있던 죽음을 밝은 곳으로 끌어내는 일이다. 그래서 어떠한 죽음의 형태가 바람직한지 생각하게 되고 청소년 혹은 더 어린 시절부터 죽음을 마주 보게 하여 매일의 삶을 충실히 살도록 함으로써 산다는 기쁨을 맛볼 수 있도록 돕는 것이다.

정성을 다해 한 생명의 탄생을 준비하듯 생명의 마지막인 죽음을 위해서도 준비가 필요하다는 것에 대해 많은 이들이 공감하고 있다. 죽음 준비교육은 코어에 의하면 첫째, 죽음 준비교육의 인지적 차원으로는 죽음과 관련된 경험에 대한 정보를 제공하고, 이런 경험을 이해하도록 돕는 인지적 혹은 지적인 시도이다. 둘째, 죽음 교육의 정의적 차원으로는, 죽음, 죽음의 과정, 사별과 관련된 감정 및 정서를 다루려는 교육적 시도이다. 셋째, 죽음 교육의 행동적 차원으로는 죽음과 관련된 상황에서 사람들이 왜 그렇게 행동하고 그러한 행동 중에 어떤 것이 도움이 되는지, 그러한 상황에서 사람들이 어떻게 행동해야 하는지를 탐색하려는 시도이다. 넷째, 죽음 준비교육의 가치적 차원으로는 인간의 삶을 지배하는 기본적인 가치를 확인하고 분명히 하려는 교육적 시도다.

말기 환자의 생명 연장, 소극적, 적극적 안락사 문제, 죽음의 판정, 뇌사, 자살문제 등은 단순한 지식의 문제가 아니라 가치관과도 관련되는 주제로 죽음 준비교육은 이런 주제를 다루면서 확고한 가치관을 갖도록 돕는다.

이처럼 코어와 동료들은 죽음 준비교육 프로그램에서 다루게 되는 내용을 중심으로 개념을 정의하였다.[20] 레비톤(Leviton은 교육이 시행되는 시기 혹은 대상을 중심으로 죽음 교육의 성격을 세 가지 차원으로 설명한다.[21] 첫째, 죽음 준비교육은 죽음에 대한 초기 예방 혹은 예방적 건강교육이다. 죽음에 의해 병적상태에 빠지지 않도록 예방하는 역할을 할 수 있

---

20. Charles, A. Corr Death and Dying Life and Living S. Illinois University, 2006. pp.81~84.
21. 이이정, 죽음학 총론, 학지사, 2011. pp.55~56.

다. 둘째, 죽음 준비교육은 개인적 측면을 가지고 있다. 사람을 죽음에 직면하도록 하여 자살을 생각하는 사람에게 어떻게 대응해야 하고 어떻게 위기 개입 자로서 활동할 수 있는 능력을 배양하도록 한다. 셋째, 죽음 준비교육은 사후 개인적, 치유적 효과를 가진다. 죽음 준비교육은 사람들이 위기를 이해하고 이러한 경험으로부터 배우도록 도울 수 있다.

죽음 준비교육은 1960년대부터 알려지기 시작했지만 넓은 의미에서는 고대부터 있었다. 고대 티베트에서 '사자의 서'와 같은 문서를 통해, 중세유럽에서는 '죽음의 기술', '왕생의 기술'이라는 안내서가 이용되어 죽은 후 영혼이 어떻게 되는지 안전한 여행을 위해 어떤 준비가 필요한지 상세히 설명하고 있다.[22]

이에 비해 오늘날의 죽음 교육은 사람이 삶의 한가운데서 죽음에 대처하고자 하는 노력에 초점을 두고 있다. 미국의 경우 '오메가', '죽음 교육', '죽음 연구', '자살과 생명을 위협하는 행동', '소생, 완화 보살핌', '타나토스' 등 다양한 죽음 관련 학술지가 발간되고 있다.[23] 미국 내 938개 대학에서 죽음 준비교육 코스를 제공하고 있으며 공립초·중등학교의 약 11%가 죽음에 대한 강좌나 단원을 제공하며 25%가 자살 예방 프로그램을 시행하고 있다고 한다.

죽음 준비 프로그램의 목적은 첫째, 죽음 불안감소를 통한 건전한 발달 도모. 둘째, 자신과 삶에 대한 이해증진. 셋째, 전문성 배양을 통한 돌봄의

---

22.   Ibid., pp.58~59.
23.   Ibid., pp.61~62.

질 개선. 넷째, 죽음의 공론화를 통한 죽음과 관련된 정서적 문제의 해결. 다섯째, 죽음, 비탄, 죽음 과정의 인간화. 여섯째, 인간이 만들어 낸 죽음의 가능성, 즉 핵 참사, 전쟁, 환경 파괴 등 방지 및 축소. 일곱째, 상업적인 죽음 관련 시장에 대한 소비자 교육(불필요한 겉치레나 비용의 낭비를 줄임)에 있다.

죽음 교육과 관련하여 인간의 죽음에 대한 인지 시기는 3~5세의 아동기는 죽음의 이해가 처음으로 나타나는 시기이며, 5~9세의 시기는 죽음에 대해 구체적 사고를 하는 상태이다. 청소년은 9세~20, 25세 시기로 구분할 수 있고 죽음이 자신에게 일어나지 않는다고 생각하며, 불안과 염려를 하며 자살 충동을 크게 느낀다. 청소년과 젊은이들이 죽음에 대해 가장 두려워한다는 연구 결과들이 존재한다.[24] 그러나 이런 연구 결과는 미국 사회에서의 표본조사를 대상으로 한 연구 결과로서 한국적 상황과 다를 수 있음을 염두에 두어야 한다. 또한 죽음에 대한 관념이 동·서양이 너무도 상이하다는 기존의 연구들도 참조하여야 함은 말할 나위도 없다.

많은 연구 관찰에 의하면, 성년기의 특징은 죽음에 대해 회피적 경향이 있다. 즉, 죽을 가능성을 생각하고 싶어 하지 않는 경향이 있다는 점이다. 또한 중년기는 사후세계가 있다고 믿는 경향이 강하다. 일본인은 죽으면 모든 것이 끝난다고 생각하며, 한국인은 죽음은 편안하고 깊은 잠을 영원히 자는 그것으로 생각하는 경향이 있다. 한국인들은 노년기에 죽음에 대한

---

24. Charles A. Corr Death and Dying Life and Living S. Illinois University, 2006. pp.15~17.

준비가 잘 죽는 것, 좋은 죽음은 복 있는 죽음, 부모 앞선 자녀가 없고, 자녀가 임종을 지켜주고, 자식에게 부담을 주지 않고, 부모 노릇을 다하고 맞이하는 고통 없고, 천수(天壽)를 다한, 준비된 죽음을 좋은 죽음으로 생각한다.[25]

모든 인간은 죽는다. 그리고 모든 인간은 죽는 순간까지 죽음을 예감하고 있다. 자신이 죽어가고 있다는 사실을 미처 깨달을 시간도 없이 죽지는 않는다는 것이다. 그렇지 않은 경우도 가끔 있었는데 그것은 유럽의 경우 페스트로 인한 죽음이나, 최근 팬데믹으로 인한 코로나 감염으로 인한 갑작스러운 죽음의 경우이다. 그러나 이는 예외적인 경우의 것이었으며, 결국 인간은 사고사가 아닌 정상적인 경우에는 죽음을 예감하고 있는 존재라는 사실이다.

인간은 자신의 종말이 다가오는 것을 알기 때문에 죽어가는 사람은 무엇인가를 준비할 수 있다. 죽음을 준비할 수 있다는 것은 특혜이며 이별의 순간을 가까운 이들과 나눌 수 있다는 그것은 축복이다.[26] 살면서 죽음에 대해 사고하고 대비할 수 있기 때문이다. 이전에는 가족적인 의미의 죽음을 '길들여진 죽음'이라 명명한 아리에스의 표현은 오히려 오늘날의 죽음이 더 두렵고 더 원시적으로 변했다고 표현한다. 과거에는 죽음이 오히려 더 친숙하고 가족적이며 무관심하게 표현된 태도라면, 오늘날의 죽음에 대한 태도는 죽은 자의 이름을 언급하지 않을 정도로 죽음은 이전보다 더 공포감을

25.   김미혜 외, 노인들이 인지하는 좋은 죽음 의미연구, 한국사회복지학 56, 2004), pp.105~109.
26.   이이정, 죽음학 총론, 학지사, 1998. pp.12~15

일으킨다고 한다.[27]

'나는 죽음과 상관없다는 생각'[28]은 느림의 철학을 전적으로 배제하고 욕망 충족을 위해서 정신없이 어디론가 달려가는 일상성의 산물이다.[29] 하루에 단 5분이라도 나와 타인과 우리를, 그리고 삶과 죽음을 반성할 수 있는 사색의 시간과 여유를 가진다면 나는 '죽음과 상관없다'가 아니라 '죽음은 본래부터 나의 것이다'라는 소리가 나의 심연에서 잔잔히 울려 퍼지는 것을 들을 수 있을 것이다.

죽음에 관한 문제는 생과 사에 관한 문제이다. 죽음의 문제와 삶의 문제는 동전의 양면과 같은 것이며, 이 점에서 생사대사(生死大事)를 강조하는 대승불교가 유가보다는 더 종교적인 깊은 의미를 지닌다. 그렇기 때문에 고대 유가에서 송, 명 유학으로 발전해 오면서 대승불교의 도전과 충격에 직면하게 되었으며, 생사 문제를 주제로 삼아 유가 자신의 궁극적인 관심을 더욱 깊이 있게 변화시킨다. 이렇게 생사의 문제로 깊이 있게 전환해야만 비로소 종교가 구도하는 참된 의의를 깨닫게 된다는 것이다. 그러나 세속적인 가치들이 원만하게 해결된다고 하더라도 각 실존 주체가 생명을 맡길 수 있는 안식처를 제공해 주리라는 보장은 없다.

삶과 죽음의 문제가 영원히 존재하는 한 우리의 종교적 추구도 끊임없이 계속될 것이고, 이것이 바로 영적인 종교의 운명이다. 반종교론자인 프로이

---

27. 필리프, 아리에스, 죽음의 역사(이종민 역), 동문선, 1998. pp.19~35. '길들여진 죽음'에 대해 자세히 설명하고 있다.

28. 강영계, 죽음학 강의, 새문사, 2012. p.14

29. ibid., p.21

트, 마르크스 등은 자신들의 사유의 제한 때문에 세속적인 생명의 차원에 머무를 수밖에 없어서 근본적으로 궁극적 관심이나 궁극적 진리에 관여하는 종교적 구도의 정신적 의의를 체험할 수 없다고 했다. 그들은 종교는 결코 계급의 소멸에 따라 소멸하지 않는다는 점을 간과하였다. 기독교의 궁극적 관심은 어떻게 속죄하여 영생을 얻을 것인가? 불교는 어떻게 미혹에서 벗어나 깨달음을 얻을 수 있는가? 즉, 삶과 죽음의 지혜를 어떻게 건립할 것인가에 두어 마침내 근본적인 무명에서 철저하게 벗어나게 된다. 힌두교와 전통불교는 생사윤회로부터 철저한 해탈에 궁극적인 관심을 두었다.

유가는 비록 일반적 의미에서 종교는 아니지만 강렬한 종교성을 지닌다. 공자는 도가 없음을 걱정하지, 가난을 걱정하지 않는다. 맹자는 일생의 근심이 있을 뿐, 일상적 근심은 없다. 증자는 여기서 걱정 근심의 대상인 도는 다름 아닌 인도(仁道), 천도(天道)로서 유교 특유의 안신입명(安身立命)의 도이다. 유가의 도에 대한 근심은 삶과 죽음에 대한 문제와 태도가 녹아 있어서 세계의 종교와 궤를 같이한다고 말할 수 있다. 장자로 대표되는 도가나 선종의 궁극적 관심도 역시 시종일관 삶과 죽음의 경계를 철저히 허물어뜨릴 것을 강조한다. 궁극적 진실은 고도의 정신성이나 종교성이 형성되는 본원적 근거로서 영원성. 절대성 등의 성질을 지닌다.

기독교의 하나님과 천국, 힌두교의 브라만과 아트만, 대승불교의 일체법공(一切法空), 제법실상(諸法實相), 유가의 천명(天命), 천도(天道), 도가의 상도(常道)와 무명(無名)의 도(道) 등이 있다.

일단 종교나 철학의 탐구를 통해 궁극적인 진실을 찾게 되면 바로 인생의 궁극적인 목표가 세워지게 된다. 이 궁극적인 목표는 기독교에서는 영생천국이고, 힌두교에서는 윤회로부터의 해방을 통한 신과의 합일이며, 불교에서는 열반 해탈이다. 그리고 도가에서는 도와 하나가 되는 것이고, 유가에서는 천도의 실현과 자신의 안신입명이다. 궁극적인 목표의 기본적 근거나 소망은 거의 비슷한데 그것은 바로 죽음의 정신적 극복이나 생사 문제의 철저한 해결이다.

2) 죽음에 대한 유·불교적 접근

현대 한국 사회에서 필요한 죽음 교육은 현대 한국인의 의식구조에 맞는 한국인 고유의 전통적 효 사상과 가족체제의 정돈과정에서 이루어져야 한다. 불교에서 말하는 윤회와 같은 지루한 반복에서 해탈하는 방법을 설명해주고, 그에 도달할 불교적 사유의 힘을 수행하도록 돕는 것이다. 불교의 생사관이 녹아 있는 효 사상과 전통가족주의에 입각한 죽음의례에 녹아 있는 무상수행, 철학적, 문화적 상담 과정이 그 험난한 과정을 통과하도록 도울 수 있다. 붓다의 열반 과정을 체험해보면서, 이를 통해 자기 죽음을 미리 수용하고 경험함으로써 불교의 삼법인과 무상과 무아의 교리를 깨닫게 한다.

노인들이 추구하는 좋은 죽음의 조건은 '부모를 앞선 자녀가 없는 죽음, 자녀가 임종해 주는 죽음, 자식에게 부담 주지 않는 죽음, 부모 노릇 다한 죽음, 준비된 죽음, 천수를 다한 죽음' 등으로 주로 가족관계와 가족문화의 중요성을 반영하고 있다.[30] 이런 결과를 살펴보면, 우리나라 노인들은 아직 유교적 가치관에 의해 영향을 받고 있음을 알 수 있다.

그러나 현재 죽음을 맞이하는 곳은 가정이 아니라 병원에서의 임종과 장례가 대부분을 차지한다. 죽을 때 곁을 지키는 사람은 가족보다는 의사나 요양원의 간호사가 많다. 대부분 요양원에서의 죽음을 맞이하기 때문이다. 이런 현상은 인간 존엄성에 심각한 문제를 초래하고 있다는 점이다. 임종할 때 홀로 죽는 경우와 고독사 문제. 장례문화의 상품화, 의사와 간호사, 요양보호사의 마지막 임종 참여 등, 죽음을 앞둔 환자는 고독하게 이 세상을 이별하는 경우가 대부분을 차지한다.

이런 문제를 해결하기 위하여 장기적 관점에서 국가의 사회보장제도를 개선하고 보완하는 문제와 더불어 주변 인간들의 죽음 교육을 통한 의식의 전환이 필요하다. 죽음과 탄생이 하나이며 인간이 존엄한 존재로서 이 세상을 떠나가는 것은, 타인이 아닌 나의 마지막 모습이며 그렇기 때문에 경건하고 기쁘게 장례절차가 진행되어야 한다는 것이다. 경건한 장례절차는 인간이 인간을 존엄하게 만드는 첫걸음이자 소중한 인류의 유산이 되어야 한다.

불교에서의 죽음 교육은 집착의 원인이 탐심과 화내는 마음인 진심(瞋心), 어리석은 마음인 치심(癡心)이라고 하는 무명(無明)에 있다고 가르친다. 그래서 무명을 사람을 죽게 하는 독과 같다 하여 삼독심(三毒心)이라고 한

---

30. 김미혜 외, 노인들이 인지하는 좋은 죽음 의미연구, 한국사회복지학 56, 2004. pp.112~114.

다. 불교에서는 무명에서 벗어나기 위하여 삶을 고통스러운 생로병사의 과정으로 바로 정관(正觀)하는 것이 그에게서 벗어나는 방도라고 교육한다.[31]

이후 대승불교에서는 생사란 본래 없는 것이므로 무명에서 벗어나 수행할 것을 강조한다. 불교의 죽음 교육은 내세 중심의 종교교육이기는 하나 현세에서의 죽음과의 대결을 통한 심리적 각성으로 생사를 하나로 보는 생명 교육을 지향한다. 생사를 미래의 사건이 아닌 현재 마음에서 명멸하는 생멸심(生滅心)으로 중요시하여 생사 속에서 그를 초월하는 삶의 실천 교육을 지향한다.

목표를 설정한 뒤 그 목표를 달성하기 위한 의무를 스스로 짊어지고 완전히 자신을 헌신하려는 종교적 소망이 생겨나서 결국은 삶이나 죽음에 대한 태도나 생활방식이 철저히 변하는데, 이것을 새로운 삶의 전기, 인생의 전환점 등으로 일컫는다. 다른 표현으로 의무감을 가지고 헌신한 사람은 자신의 인격을 변화시킬 수 있는 정신적 힘을 지니며, 대승불교에서 보통 사람이 보살이 되기를, 유가에서는 소인이 군자가 되고 기독교에서는 예수를 따라 십자가를 지고 박애와 선행을 한다.

재미있는 것은 공산주의도 종교로 오해받는다는 점이다. 문화대혁명 시절 모택동을 신봉하던 홍위병이 종교적 광신자와 다른 점은, 즉 종교가 아닌 점은 그들의 궁극적 목표가 세속적인 정치적, 사회적 개혁에만 머물러서 종교적인 삶과 죽음의 문제와 전혀 상관이 없었기 때문이다.

---

31. 이범수, 현대 한국사회의 생사문화와 불교적 죽음 교육 방안, 선문화연구 제20권, 한국불교선리연구원, 2016. pp.118~119.

오늘도 수많은 죽음이 우리 주변을 스쳐 지나간다. 우리는 신과 조상이 나를 지켜주는구나 믿으며 하루를 착하게 살려고 노력할 수밖에 없는 나약한 인간일 수밖에 없다. 그러나 우리는 모두 죽음을 겁내거나 두려워할 필요는 없다. 죽음도 출생과 같이 자연스러운 현상이기 때문에, 장자처럼 춤추고 노래하며 기쁘게 맞이할 일이다. 그러나 준비 안 된 천재지변으로 인한 사고사나, 돌연사, 객사는 조금 문제가 되고 슬픈 것은 사실이다. 그래서 그것은 무당을 통한 굿이나 관계자들의 깊은 애도가 필요하다고 본다.

이렇듯 주변에서 죽음을 자주 경험해보니 처음과는 죽음에 대하는 느낌과 태도가 점점 변한다. 자연사와 자살의 느낌은 더욱 다르며, 선별적 안락사는 필요하다는 의견이다. 현실적으로 법과 의료 현장의 판단 불일치에서 일어나는 부작용이 있을 수는 있지만, 환자의 고통과 인간의 존엄성 유지 차원에서 향후 본인이 원한고 본인의 주체적으로 결정한다면, 막을 수 없으며 현재 전 세계적으로 논의가 활발히 진행되고 있는 추세이다.

생명은 영원하기에 삶과 죽음은 존재하지 않는다. 이 말은 지구상 모든 생명체는 삶과 죽음의 과정을 통하여 반복적으로 자신의 생명을 계속 유지하며 전달한다는 뜻으로 다가온다. 자연에서 꽃이 꽃을 피우고 진 다음에 씨를 만들어서 땅에 다시 떨어진 후에 겨울을 보내고, 봄에 다시 태어나 꽃을 피우며 계속 반복되는 것처럼, 우리가 죽음이라 부르는 것은 또한 태어나는 것과 같은 종류의 경험은 아닐까 하는 생각이 든다.

인간도 태어나 생로병사의 과정을 거치며 수많은 관계 속에서 지내다 자손을 낳고, 아니면 제자를 양성하며 지식과 기술, 사상을 전수한다. 그러면 그러한 것들이 계속 전파되고 전달되며 인간 생명이 유지되는 것으로 보인다. 그러나 시작이 탄생이라면, 그 끝은 죽음인데 우리는 탄생 이전을 알 수가 없다. 내가 어디서 어떻게 왔는지 반대로 죽음 이후도 모른다. 각 종교에서는 사후세계가 존재한다고 주장하기도 하지만 알 수가 없다. 따라서 탄생과 죽음은 상호모순 관계란 생각도 든다.

또한 우리는 탄생과 죽음을 선택할 수 없다는 점에서 운명적이라는 공통점이 있다. 이점은 분명한 사실이다. 우리 조상과 부모님들이 돌아가시기 전에 유언하는 경우를 예를 들어보면 인간이 살다가 어느 날 죽으면 육체는 사라진다. 그러나 그 유언과 부모님과 함께했던 추억, 기억, 경험, 유언, 생활방식, 습관 등 모든 정신적 가치들이 살아있는 가족과 관계를 맺었던 주변 사람들의 기억 속에 남아 있다. 그리고 계속 회자하고 가족과 후손의 머릿속에 저장되어 다음 후손에게 계속 전달되기도 하며, 책을 통하여 사상이 전해지며, 다른 유품, 도구 등도 계속 후손에게 전달되며 함께했던 추억들과 기억들이 전수된다.

이렇듯 인간은 죽음으로 육체는 무(無)가 되어도 그것으로 끝이 아니다. 살아있을 때 관계 맺은 주변 인간의 기억 속에 생존 당시의 모습과 기억들이 살아있다. 죽어서 모든 것이 끝난 것이 아니고 의미가 있고 관계 맺었던 주변인들에게 계속 영향을 주고 있다. 자살은 우울증과 안락사 이외에는 해서는 안 된다는 생각도 든다. 물론 정치적 주장과 항거의 이유로 분신, 단식하며 자살하는 것은 인간만이 할 수 있는 주체적 선택이고, 본인의 강력한 선택이라는 점에서 찬·반 논의가 있을 수 있다고 본다. 우리는 인간이고 인간은 무조건 언젠가 운명적으로 죽으며 담담하게 죽음을 탄생과 같이 동급인 운명으로 생각하며, 내가 죽은 후 남겨질 나의 모습을 먼저 예상할 수가 있다. 그러면 매 순간 현재의 일상생활에서 최선을 다해서 살아야 할 의무가 생긴다. 그러면 일상의 하루하루가 피곤하더라도 하루하루를 보람을 느끼며 알차게 살아갈 수 있다는 생각이다.

3) 한국인의 죽음관

한국인의 죽음관을 논하기에 앞서, 먼저 고대 한국인의 시체에 대한 신성시나 제사 방식 같은 것을 살펴볼 필요가 있다. 이는 죽음에 대한 연구에서 처음으로 죽음을 보여주고, 대면하는 것이 사망한 육체이기 때문이다. 한국 고대의 여러 순장풍습도 죽음에 대한 두려움의 표현이고 망자에 대한 죄책감, 재앙에 대한 두려움 등의 표현이라고 주장하는 설도 존재한다. 또한 시체에 대한 신성시로 무덤을 궁궐처럼 만드는 현상은 망자를 달래면서 두려움과 죄책감을 중화시키는 방법이 될 거로 생각한다.

한국인의 시체에 대한 관념은 단순히 유교적, 불교적, 무교적인 것, 어느 하나로만 설명하기 어려운 복잡한 형태로 보인다. 그리고 시신을 매우 중요하게 여기는 풍습이 강하게 전승되어, 현재 한국에서는 죽기 전에 본인의 시신을 병원에 기증하고 죽는 비율이 서구와 비교하면 상대적으로 낮은 편이다.

한국인의 지옥에 대한 관념은 인간의 보편적 경험을 토대로 표현되는 지옥에 대한 관념과 비슷하며, 전통적인 무속에서 표현하는 관념과 비슷하다. 대부분 종교가 지옥을 희망과 사랑으로부터 단절된 곳, 즉 어둠과 절망, 후회만이 있는 곳으로 묘사한다. 한국인의 지옥에 대한 관념도 이와 비슷하다고 본다.

한국인들은 전통적으로 죽음에 대해 다음의 세 가지 생각하는 경향이 있다.[32]

첫째로, 한국인들은 생명에 대해 매우 폭넓게 생각하는 경향이 있다고 한다. 사물 ⋯▸ 식물 ⋯▸ 동물 ⋯▸ 인간으로 자유자재로 변할 수 있다고 하는, 즉 환생을 믿는 사람들이 의외로 많다는 사실이다. 둘째는 순환적 자연관을 반영하는 사고이다. 인간 그 자체가 자연 일부이기 때문에 사람도 자연의 순환 과정에 참여해야 한다는 것이다. 셋째는 한국에서 환생 설화가 많은 까닭은 한국인들이 저 세상보다는 이 세상에 더 집착한다는 점이다. 이는 생명에 대한 외경으로, 불교나 힌두교에서 말하는 윤회의 개념과는 다르게 보아야 한다.

현대 한국인의 죽음관은 고대 샤머니즘의 무속신앙과 불교, 도교, 불교, 유교, 기독교 등의 영향들이 합해져서 복잡하게 나타나고 있지만, 역사적 사실들을 종합적으로 판단해 볼 때 근저에는 무속신앙과 유교적 사상이 중요하게 깔려 있음을 알 수 있다. 이는 조선 시대 사대부들의 숭유억불 정책으로 인해 장기간 불교가 탄압을 받은 사실과 기독교의 짧은 전파 역사와

---

32. 이은봉, 한국인의 죽음관, 서울대 출판부, 2000. pp.243~246.

삶과 죽음에 관한 생생진담

도 관련이 깊다고 할 수 있다. 그러나 샤머니즘과 유교는 별다른 탄압 없이 비교적 장구한 세월을 견디며 한국인의 사고방식에 깊이 뿌리를 내렸다고 볼 수 있다.

3. 나가면서

오늘이 마지막이라면 나는 무엇을 할 것인가? 스피노자는 "내일 지구의 종말이 오더라도 나는 오늘 한그루의 사과나무를 심겠다"고 했는데 그는 우주와 세계, 시간과 공간을 하나로 보았기 때문에 가능한 말이다. 평범한 인간의 입장에서는 '묵묵히 희망을 품고 오늘 할 일을 하며 지금의 나는 미래의 후손을 위해 희망의 씨를 뿌리고 사라지는 그것이 아닌가?'라고 해석된다. '나는 마지막 순간에 누구와 함께할 것인가? 그리고 나는 이들에게 어떤 말로 인사를 하며 어떻게 마무리하는 것이 가장 소중한 삶인가?'를 죽음에 물어보게 한다. 오늘이 내생에 마지막이라는 한계상황을 부여함으로써 인간이 가지고 있는 훌륭함의 가치를 실현할 수 있도록 안내하며 여기에서 왜 공교육에서 죽음 교육을 실천하는지에 대한 정당성이 있다.

죽음 교육의 목표는 '자신을 포함해서 사랑하는 사람이나 가족 또는 제삼자가 상실이나 죽음에 처했을 때 발생할 수 있는 고통에 대해, 이를 대처하고 극복할 수 있는 기술과 지혜를 배움으로써 가치관과 세계관을 정립하고 삶의 소중함을 깨닫게 하는 것'에 있다.

그러나 오늘날 죽음은 신체적 종식으로 국한해서 해석하는 경향이 있다. 죽음학에서 말하는 죽음의 의미는 신체적 종식을 넘어 '자아의 죽음'에도 관심을 넓혀 죽음의 의미를 인간학적인 관점으로 확장하고, 죽음 교육은 질병 치료와 관련된 자연과학, 인간의 의미와 자기완성을 다루는 인문과학, 그리고 인간과 사회관계를 다루는 사회과학의 최종적 지향점이다. 죽음을 다루는 궁극적 의의는 곧 사랑과 관심, 그리고 공동체적 공감, 상호 협력과 치유에 대한 이해를 높이는 것이다. 특히 죽음 교육에 앞서서 교육자는 생애발달 주기별 죽음의 이해를 살펴볼 필요가 있다. 그리고 이것은 죽음 교육에서 매우 중요한 요소이다. 왜냐하면 인간은 죽음에 대한 이해도가 연령별로 매우 다르게 나타나기 때문에 수준에 맞는 교육과 대화가 필요하기 때문이다.

인간은 누구나 죽기 마련이고 따라서 죽음은 아무도 피할 수 없다. 이처럼 죽음은 상식의 차원에서 이해가 가능하다. 그러나 죽음과 관련하여 다음의 몇 가지 물음은 정답이 없는 듯하다. '인간은 왜 죽는가? 유교에서 죽음은 종말인가? 인간은 불교에서 죽음을 극복할 수 있는가? 생사와 열반은 하나인가?' 등의 물음이 그것이다.

인간이 죽음 앞에서 소리 내 울면서 슬픔을 표현하고 눈물을 흘리는 이유는 공포심과 두려움을 완화하기 위해 인간이 고안한 수단이며, 생명을 향한 또 다른 인간의 애착이다. "삶도 모르는데 죽음을 어찌 알겠는가?"라는 유가의 생명 철학은 삶과 죽음의 수수께끼를 풀어내지는 못하였다. 왜냐하면 유가는 이러한 문제를 해결하려는 시도 자체를 반대하기 때문이다. 그러나 분명한 것은 이런 주장이 죽음에 대한 모든 정서를 표현하는 것은 아니라는 점이다. 그들 또한 마지막 순간에는 어쩔 수 없이 죽음을 직시해야 하기 때문이다.

죽음에 대한 두려움은 몇 마디의 교훈이나 구호로 간단히 해소할 수 있는 것이 아니므로 두려움을 완화 시킬 수 있는 수단을 찾아야 하며, 그렇지 못한다면 심리적 압박을 느낄 것이고 중용의 도를 강조하는 유가는 이러한 수단을 생활의 실천에서 찾아내었는데 그것은 바로 '죽음을 슬퍼하는 것'이었다. 죽음을 슬퍼하는 애사(哀死)체험은 죽음에 대한 두려움을 특수하게 체험하는 것으로 서양의 생명 철학이 보여 준 죽음에 대한 두려움과는 차이점을 가진다. 그것은 아주 강렬한 심리체험이며 삶의 의지이다.

애사는 죽음이 조성한 세속생활의 즐거움이 사라지는 데 대한 애상이며, 그것이 나타내는 것은 현실에 대한 집착이다. 그러므로 애사의 태도는 의연히 인생을 긍정하고 삶의 즐거움을 인정한다. 즉 하나님이나 외재적인 초월자를 찾아내어 의지하지 않고 현실의 세속적 생활에 매달려 그 속에서 죽음의 애상을 풀어 버리는 것이다. 유가에서 말하는 애사의 기본원리를 아주 정확하게 표현한 것은 '죽음을 슬퍼하는 것과 죽음을 두려워하는 것은 사람과 금수 간의 커다란 차이'라는 것이다.

중국인들은 평소 이지적이고 근엄한 생활 태도로 이름난 민족이지만 상을 당했을 때 억눌렸던 감정들이 슬픔을 표현하는 곡소리와 눈물을 통하여 마음껏 표출된다. 장례에서 이러한 눈물과 곡소리를 숭배하는 전통은 공자에서 시작되었다고 한다. 민간에서는 초상이 났을 때 상주를 대신에 하여 울어주는 것을 전문직업으로 삼는 사람이 생길 정도였다.

논어 안연(顔淵)에는 "죽고 사는 것은 천명에 달려 있고, 부귀는 하늘에 달려 있다"라는 자하(子夏)의 말이 나온다. 여기서 나오는 천명은 타고난 팔자를 말한 것일 뿐 인격적인 하나님이나 절대자로 해석하기는 어렵다. 그러나 천명의식은 비록 헛된 일이 될지라도 저항하지 않고 천명에 지나치게 순종하는 노예근성을 갖기 쉬웠다는 사실이 그동안의 역사를 통해 나타난 점들이 있다. 이런 천명 관념은 중국인이 자신의 나약함을 감추는 가장 편리한 도구가 되었다.

죽음을 운명으로 여기고 수용하려는 소극적 태도는 도가(道家), 특히 장자로부터 발전하였다. 이런 태도는 자연의 명에 순응하여 어떤 인위적인 노력도 하지 않는 것이며, 또 생명의 주체로서 모든 것에 무감각하고 타락하는 것이다. 장자는 죽음을 싫어하지도 두려워하지도 슬퍼하지도 않는 관념 속에서 천명을 바라보는 인생 태도에 대해 언급한다. 장자가 추구하는 인격의 가장 높은 경지인 덕(德)은 안명무위(安命無爲)의 경지를 말한다. 장자의 생명 철학은 내용이 매우 심오하여 무엇을 말하는지 이해하기 어렵다. 겉으로 보기에는 극히 초연하고 소탈하며 달관하는 것 같지만 사실은 상당히 소극적이고 비관적인 태도를 가지고 있다.

유가에서는 죽고 사는 것을 천명에 따른다고는 하였지만, 막상 천명의 관념을 받아들인 후에는 생사와 관련된 천명의식에 소홀히 하였다. 즉 모든 관심과 주의력을 현실의 생명 가치의 창조와 생명의 즐거움을 누리는 데 집중하게 하다가, 죽음을 맞이할 즈음에야 비로소 편안하게 천명을 따를 것을 권유한다. 유가는 천명을 인정하면서 죽음의 비극적 운명에 지나치게 관심을 가지는 것에 반대한다.

한편 장자는 죽음이라는 비극에 대하여 더욱 냉엄한 의식을 가지고 있다.[33] 죽고 사는 것도 큰일이라고 탄식한 것이다. 호적은 "장자의 철학은 고상한 것 같지만 그저 아첨만 하면서 비천하게 그럭저럭 살아가는 후안무치한 소인을 길러낸다. 또 사회적 이해관계에 관심도 없고 인생의 고통도 모르고, 운명에 따라 모든 것을 자연에 맡겨버리는 폐물을 만들어 낸다"라고 하였다. 이 말은 음미할 가치가 있다. 대다수 중국인은 거의 모두가 죽음의 문제에 부딪히면 즉시 되돌아서서 깊은 사색이나 체험을 포기하고 죽음을 저 멀리 생명의 끝자리로 밀어 놓는다. 그리고 전력을 다해 눈앞의 짧은 생명의 존재 속으로 파고들어 가능한 모든 즐거움과 의미를 찾아낸다.

---

33. 하현명(한채련 역), 죽음 앞에서 곡한 공자와 노래한 장자, 예문서원, 1999. pp.114~115.

"모든 중국 철학자들이 자신도 알지 못하는 사이에 가장 중요하다고 여기는 유일한 문제는 바로 어떻게 인생을 누리는가? 누가 인생을 가장 잘 누리는가? 하는 것이다." 이는 임어당이 1937년 〈생활의 예술〉이란 책에서 인생을 누리는 예술에 관하여 논의하면서 수천 년에 걸친 중국의 철학을 총결하여 내린 결론이다.

중국인의 또 다른 특징은 생명에 대한 집착이며 이는 무조건 참는 태도에서 잘 나타난다. 당대의 장공예는 9대가 한집안에 살면서 화목하게 지내기에 당 고종이 그 방법을 묻자 그는 "참을 인(忍) 자를 백번이나 썼다. 참는 것이 바로 그 비방이었다"고 말한다. 한 대(漢代) 말기의 문인들도 현실에 과감하게 항쟁하였으나 결국 수백 명의 인재가 참혹하게 살해당하는 파멸의 재난을 당했다. 그래서 '훌륭한 선비는 마음을 감추고, 보통의 선비는 입을 다물며, 못난 선비는 문을 닫는다'는 오랜 인내의 교훈은 현실에 대하여 어찌할 수 없다는 인식에 기인한 것이다. 엄밀히 말해서 중국의 문인들은 '참는 것' 말고는 할 수 있는 일이 없었다. 이런 의미에서 자살은 개체 생명의 비극이며 헛된 희생으로 보일 수 있지만, 삶의 희생을 감수하면서 그저 되는대로 세월을 흘려보내는 것 역시 하나의 비극이다.

역사상 가장 적극적으로 사회적 가치와 의미를 가진 생명의 초월은 유가의 공(功), 덕(德), 언(言)이라는 세 가지 불멸의 가치 신념이다. 유교 생명 철학의 기본 특징은 생명의 사회적 가치를 생명 존재의 의미로 하여, 사람들에게 생존의 주의력을 수신, 제가, 치국, 평천하라는 현실 사회 가치를 창조

삶과 죽음에 관한 생생진담

하는 데 집중할 것을 요구한다는 점이다. 이런 사회적 가치의 창조와 건립이 비교적 높은 경지에 도달하여 정신적으로 후인들에게 큰 영향을 남긴다면 그 사람의 존재는 불멸할 수 있다. 그래서 "가장 높은 것은 덕을 세우는데 있고, 다음으로 공을 세우는 데 있으며, 그다음에는 말(言)을 세우는 데 있다. 오랜 시간이 지났다고 하더라도 없어지지 않으면, 이것을 불멸이라고한다."(左傳)라고 하였다. 생명의 영원한 의미는 바로 덕과 공과 말의 영원한 정신적 영향력에 있는 것이다.

  철학은 바로 '죽음을 배우는 것'이라고 소크라테스, 몽테뉴, 야스퍼스가 말한 바 있다. 예술과 마찬가지로 철학 역시 죽음을 초월하는 차원 높은 길이다. 천인합일은 중국 전통철학의 가장 높은 경지이다. 이는 생명 존재의 영원한 가치토대에 대한 깨달음이다. 그런데 개체의 생명은 매우 짧다. 천인합일의 의미는 철학자가 자신의 신념을 통하여 자신의 가치추구를 우주의 영원한 가치 기초위에 안정시킴으로써 순간적으로 개체 생명과 우주 생명 본체 사이에 밀접한 관계를 맺고 있는 영원한 경지를 체험하는 것이다. 유가에서 말하는 천인합일에는 두 가지 의미가 있다. 하나는 천과 사람이 서로 감응하는 천인 동체이다. 다른 하나는 천지와 같이 동참하는 식의 도덕적 경지이다. 유가의 관점에서는 인도와 천도는 모두 하나의 도이다. 이와 관련하여 맹자는 "그 마음을 다하는 사람은 그 본성을 알게 될 것이다. 그 본성을 아는 것은 곧 천을 아는 것이다"(孟子, 盡心)라고 하였고, 정이는 "어찌 인도(人道)를 알면서 천도(天道)를 모르는 사람이 있겠는가?"(二程誤錄, 권18)라고

하였다. (주석 6 참조: 유안의 회남자, 道에 대한 다양한 해석 참고)

우리는 인생의 불멸을 추구할 수는 없다. 주어진 삶을 살다가 미래의 어느 날 인간은 모두 죽는다. 정확히 말하면 육체는 땅속으로, 화장터로, 바다로, 강으로, 나무 밑으로, 하늘로 우주로 미지의 세계로 사라진다. 그런데 여기서 문제는 우리가 남긴 삶의 흔적들인 언어, 기록물, 비석 문, 저서 등은 남아서 살아있는 사람들의 실생활에 영향을 주며 함께 존재한다는 점이다. 즉 육체는 사라졌지만, 죽은 자의 정신은 살아있을 때와 거의 같은 역할을 하는 것이다. 모습만 보이지 않을 뿐이다. 이러한 사실을 예견한다면 우리의 죽음에 대한 태도와 삶에 대한 태도는 달라질 수밖에 없다. 현재의 삶에 충실히 하는 것이 차곡히 쌓이면 결국 인생 자체가 충실해질 것이라고 여겨진다.

죽음이 임박해서 모든 인간의 지구에서의 마무리 인사는 무엇이어야 하는가? 그것은 죽음 교육의 과제이기도 하다. 오늘도 지구 어디선가 죽어가는 인간은 '어디로 가는가?'라는 자연스러운 의문이 생긴다. 삶과 죽음의 순환고리는 분명히 있는데, 눈에 보이지 않을 수 있다는 생각이 불현듯 스친다. 우리는 현대를 살아가며 심각한 생존의 위기와 삶의 위기를 겪는다. 아무도 나를 책임져 주지 않는 시대이다. 밀림 속에 나 혼자 고립되었을 경우를 상상하며 용기를 가져야 한다. 요즘 인간들은 도심에서 걷다가 멧돼지, 들개, 사슴을 만나 물려 죽기도 한다. 그러나 정신을 차리면 살 방법은 있다. 미리 정신을 잃고 겁을 먹기 때문에, 즉 포기하기 때문에 죽는 것이다. 현실의 삶에서는 살아나가는 용기와 자신감이 필요한 시기이며 그러려면 평소 삶과 죽음에 대한 사색의 시간과 교육이 필요하다.

이런 위기를 어떻게 초월하고 극복해 낼 것인가가 중요한 문제로 다가온다. 자신의 생존과 보람된 삶을 위해 가치와 의미를 창조할 용기와 자신감이 있어야 한다. 유가에서처럼 장수해서 더 살아야 가치 있고 의미 있는 일을 할 기회가 많아지지 않을까?

대승불교에서는 생사란 본래 없는 것이므로 무명에서 벗어나 수행할 것을 강조한다. 불교의 죽음 교육은 내세 중심의 종교교육이기는 하나 현세에서의 죽음과의 대결을 통한 심리적 각성으로 생사를 하나로 보는 생명 교육을 지향한다. 생사를 미래의 사건이 아닌 현재 마음에서 명멸하는 생멸심(生滅心)으로 중요시하여 생사 속에서 그를 초월하는 삶의 실천 교육을 지향한다. 현대 한국 사회에서 필요한 죽음 교육은 현대 한국인의 의식구조에 맞는 한국인 고유의 전통적인 효 사상과 가족체제의 정돈과정에서 이루어져야 한다.

불교에서 말하는 윤회와 같은 지루한 반복에서 해탈하는 방도를 기꺼이 선택하게 하고, 그에 도달할 불교적 사유의 힘을 수행하도록 돕는 것이다. 불교의 생사관이 녹아 있는 효 사상과 전통가족주의에 입각한 죽음의례에 녹아 있는 무상수행, 철학적, 문화적 상담 과정이 그 험난한 과정을 통과하도록 도울 수 있다. 붓다의 열반 과정을 체험해본다. 이를 통해 자기 죽음을 미리 수용하고 경험함으로써 불교의 삼법인설과 무상과 무아의 교리를 깨닫게 한다.

궁극적인 목표는 기독교에서는 영생천국이고, 힌두교에서는 윤회로부터의 해방을 통한 신과의 합일이며, 불교에서는 열반 해탈이다. 그리고 도가에서는 도와 하나가 되는 것이고, 유가에서는 천도의 실현과 자신의 안신입명(安身立命)이다. 따라서 유교의 죽음 초월 방식은 도덕적 자기 수양을 통해 유한한 자연적 삶을 무한한 영성으로 승화시키는 것이다.

다른 한편으로는 이런 초월의 이면에는 처음에는 생명 에너지에 의해 정의된 존재론적, 우주론적 근거에 있으며, 결국에는 우주의 위대한 미분화 상태로 돌아간다. 실제로 생성이나 종말은 없다. 일반적으로 삶과 죽음은 개별적인 육체적 생명의 출현과 소멸이라는 관점에서 생각하지만 우리는 기의 끝없는 순환과 존재의 연속성이라는 관점에서 삶과 죽음을 생각하면, 육체적 생명의 출현과 소멸은 좁은 생사 개념에 집착하는 마음의 산물일 뿐이다. 우주에는 다양한 유형의 존재 변화와 생명 에너지의 보존만이 존재할 뿐이다.

이런 관점에서 보면 삶과 죽음은 사실상 존재하지 않는다. 삶과 죽음을 이해하고 초월하는 방법에 관하여 죽음으로부터 해탈을 얻는 유교의 방식과 불교의 방식의 차이는 유교의 유(有)와 불교의 무(無) 존재론의 대비에서 비롯된다는 주장을 다시 한번 확인할 뿐이다.

　결론적으로 공자의 "삶도 모르는데 죽음을 어찌 알겠느냐"는 말로 대표되는 유교 전통의 죽음관은 유가에서 인간 죽음의 문제를 궁극적인 관심사로 무시한 것이 아니었다. 인간이 살다가 돌연사나 자살, 사고사의 경우에는 남겨진 가족들과 친구들에게 슬픔과 아픔을 남긴다. 그러나 인간들은 장례식과 애도 기간이 지나가면 서서히 일상생활을 회복하며 삶의 현실로 다시 돌아온다. 무병장수하여 수명을 다하는 경우도 슬픔과 이별의 애도 기간을 갖는다. 그러나 그렇지 못한 경우의 죽음이 있다. 그것은 병원 생활을 장기간 하거나, 치매 등으로 오랜 병간호 기간을 지내고 사망하는 경우의 죽음이다. 이는 현실적인 문제와 결부되어 슬픔, 애도 등의 축복을 받지 못하고 남겨진 가족들에게 고통을 남길 수도 있다.

　따라서 지금까지 살펴본 양지에서의 죽음 교육은 살아있는 장기 요양해야 하는 환자를 간호하는 보호자와 이를 지원하는 정책 분야에도 관심을 가져야 한다. 그러나 죽음 교육은 현실적으로 죽음에 대한 주체적 사고와 삶과 죽음이 동전의 앞면과 뒷면, 그리고 사계절의 변화와 같은 우리가 알 수 없는, 알 필요도 없는 우주질서의 한 부분임을 자각시키는 게 중요하다. 그것만으로도 죽음에 대한 공포와 불안을 극복하게 하여 남은 일상의 삶을 긍정적으로 살게 한다.

인생에 주어진 과제는 어렵더라도 인간은 끊임없이 배우고 깨닫는 과정을 거치지 않으면 안 된다. 그리하여 마침내 죽음이라는 마지막 관문을 지날 때 자신이 깨달은 정도를 가지고 저승에 들어가는 것을 상상해보기를 바란다.

서양인의 죽음관

: 삶과 죽음은 '시간'과 '관계'이다

11장 서양인의 죽음관

- 삶과 죽음은 '시간'과 '관계'이다 -

1. 죽음은 중요하지 않다

키르케고르는 "'참으로 없었던 것은 내가 무엇을 해야 할 것인가?'에 대한 확실한 자각이지, 결코 '내가 무엇을 알아야 하는가?'가 아니었다"고 했다. 그러면 그 자각의 순간에 나는 무엇을 해야 하는가? 우리 인간은 삶의 무상함을 견디기 위해서 만들어낸 신기루가 '기독교의 신'과 '플라톤의 이데아 세계' 같은 것이라면, 니체가 생각했던 인간 삶은 생성, 변화하는 지상의 세계와 현실의 세계에서 자신을 극복하고 성취해야 할 '초인'이 되는 것이라면, 그것을 위해 나는 무엇을 해야만 하고 무엇을 할 수 있을까? 니체는 신은 죽었다 했지만, 어떤 의미에서도 그것은 절대 진리가 아니란 생각이 든다.

하이데거는 인간은 우연히 세상에 내던져진 존재이며 죽음을 향해 가는 개별존재이고 인간은 '찰나'를 살다 가기 때문에 이 사실은 '선구적 죽음' 통하여 어느 순간 인간에게 가치 있는 삶을 깨닫게 해준다는데, 그러면 '나는 정말로 무엇을 하며 살아야 하는가?'라는 생각이 절실하게 다가온다. 또 '나의 삶을 어떻게 살아가야 할 것인가'에 대해서도 고민하게 되지만 사실 이것도 진리는 아닌 듯싶다. 인간세계를 약육강식의 세상으로 인식하고 고민 없이 잘살고 있는 인간들도 많기 때문이다. 인간은 태어나 출생과 죽음 사이

삶과 죽음에 관한 생생진담

에서 수많은 선택을 통하여 삶을 살아간다. 출생과 죽음 사이에서 하이데 거와 레비나스의 논쟁도 사실은 정답이 없다는 생각이 든다.

모든 철학자의 죽음과 출생, 인간에 대한 논쟁, 그리고 불교, 유교, 기독교 등 모든 종교의 사상들도 사실은 우리는 죽기 전까지는 알 수가 없다.

그럴 것이라는 막연한 생각뿐이다. 그러나 인간으로 태어난 이상 이 문제는 죽을 때까지 뇌리를 떠나지 않는 영원히 풀리지 않는 문제이기도 하다.

2. 인간의 삶과 죽음은 시간이고 관계이다

인간은 사회 속에서 태어나 성인이 된 후 부조리, 모순, 회의, 고독, 우울 등의 사회적 삶 속에서 고민하며 생존하기 위한 삶을 영위하는 인생과 그 반대의 환경 속에서 특별한 고민 없이 살아가는 인생으로 구별된다고 할 수 있다. 그러나 최대의 사색과 많은 고민 후 인간 각자는 자신이 처한 환경 속에서 잘 살아가기 위하여 어느 순간 선택을 하여야만 한다. 그리고 그 선택의 결과에 따라서 인생의 모습은 각자 다르게 나타난다.

목사를 선택하면 종교인의 길로, 교직을 선택하면 교사의 길로, 예술을 선택하면 예술가의 길로, 사업을 선택하면 사업가의 길로 인생이 펼쳐진다. 어떤 경우는 선택 없이 우연히 어떤 인생길을 가기도 한다. 그 결과와 의미에 대해서는 아무도 평가할 수 없다. 단지 시간이 흐르면 어느새 자신의 모습이 나타난다고 생각된다. 그러나 인간들은 거기에도 만족할 수가 없는 듯하다. 가보지 않은 길에 대한 호기심과 두려움, 불만이 교차하기에 만족이

안 되는 것 같다.

레비나스는 시간을 존재론으로 이해하는 것이 아니라 존재의 존재 양식으로 이해한다고 한다. 하이데거는 '존재는 시간'이라고 하였다. 즉 인간이 누리는 '순간순간의 시간'이 모여서 존재 전체를 이룬다는 것이다. 시간이 모여서 존재가 되는 것이다. 요약하면 인간이 태어나서 죽을 때까지 보내는 시간이 인간이라는 존재 자체라는 이해와 같다고 보인다.

이에 반해 레비나스는 시간을 존재론적으로 보는 것이 아니라 시간을 하이데거와는 다른 관점으로 이해하는데 그것은 바로 '관계'이다. '시간이 관계'라고 주장하는데 시간 자체가 어떤 관계가 될 수 있을까? 시간이 무엇인지 정확하게 말하기 어렵기 때문에 관계는 어떤 의미인지 좀 더 이해가 필요하다.

인간과 시간은 관계를 맺기 위해 주어진 것이라 할 수 있다. 인간은 시간을 통해서 사랑하고 출산하고 이웃에 관심을 두고 타인의 얼굴을 만난다. 이러한 관계는 신비의 영역을 포함한다. 레비나스는 이 관계를 종교라고 부른다. 불교에서는 이를 인연으로 표현하기도 한다. 최근 "더 구할 것이 없으니 인연 또한 사라진다"는 문구를 남기고 소신공양으로 최근 이 세상을 이별한 어느 스님은 '모든 관계를 순간 청산하고 어디로 간다는 것일까? 무엇을 다 구했다는 의미인가?'란 궁금증도 생긴다.

레비나스는 모든 인간은 '혼자'라고 주장한다. 그래서 인간은 '고독'할 수밖에 없다고 주장한다. 하지만 모든 인간이 고독을 느끼는 것은 아니다. 존재자 없는 존재는 존재하지 않는다. 존재자가 존재할 뿐 존재자 없는 존재는 나타나지 않는다는 말이다. 그리고 존재자가 사라져도 존재가 사라지는 것은 아니라고 주장한다. 모든 사물, 존재, 인간이 무(無)로 돌아갔다고 상상해보면 그 상태에서 그러면 우리는 순수 무(無)를 만날 수 있을까? 그 상태에서 남는 것은 어떤 것, 어떤 사물이 아니라 단순히 '있다'는 사실뿐이다. 모든 사물의 부재는 하나의 현존으로 돌아간다. 이런 관점에서 존재는 절대로 사라질 수 없다. '고독은 시간이 필요하지 않다'라는 문구는 '고독을 시간의 부재'라고 주장하는 것과 같은 의미로 다가온다. 시간은 타인과 맺는 관계 그 자체로, 고독을 위해서는 시간이 전혀 필요하지 않기 때문이다.

죽음은 인간에게 공포를 주는 것이기도 하지만 하이데거에게는 '자유의 사건'이다. 인간이 결국 죽기 때문에 인간은 죽음을 발판으로 자신의 가능성을 최대한 발휘할 기회를 만들 수 있다고 주장한다. 레비나스는 죽음이 문제가 된다는 것은 '죽은 다음에 인간이 어떻게 되는지 모른다'는 데 있다고 했다. 죽음 이후에도 존재는 사라지지 않는다는 것이다. 인간은 죽은 후에도 '인간이 절대로 모르는 죽음과 관계를 맺고 있다'는 건 죽음이 우리에게 주는 의미는 '절대 알 수 없는 그 무엇과 우리가 관계를 맺고 있다'는 사실에 있다고 보았다.

인간에게 생명이 주어졌다는 것은 일종의 신비인데 하이데거는 '인간이 세상에 던져진 것'으로 표현한다. 그 말이 일리 있는 것은 이 세상 누구도 자신이 원해서 이 세상에 태어난 삶은 없기 때문이다. 그래서 인간은 일단 세상에 던져진 이후에는 '능동성과 주체성'을 가질 수 있다. 아무리 노예 상태에 있는 인간이라도 능동성과 주체성을 조금이라도 안 가진 인간은 없을 것이다. 그러나 인간이 죽는다면 그다음에는 어떤 일이 일어날지 모를 타자성의 영역으로 들어간다. 이런 타자성의 영역과 관계를 맺고 있다는 사실을 인식하고 있어야 한다는 사실이 죽음이 가진 문제이다.

　죽음을 제대로 인식한 사람만이 시간을 올바로 사용할 수 있다. 레비나스는 얼굴과 얼굴을 마주한 상황은 '진정한 시간의 실현'이라고 주장한다. 현재는 미래와 연결되어 있으면서 동시에 떨어져 있다. 현재 속에서 미래를 받아들이기 위해서는 타자의 얼굴을 마주 보고 타자성을 지닌 타인과 관계를 맺는 것이 필요하다. 레비나스는 이것이 바로 '시간의 실현'이라고 주장한다. 즉 '삶'인 것이다. 그러나 삶은 정해진 것이 아닌 선택이고 거기에는 책임과 의무가 따른다는 것이다.

　그에게 인간은 죽음과 융합할 수 없듯이 인간은 타인과 융합할 수 없다. 모든 인간은 고립된 주체성을 가지고 있기 때문에 소유할 수도 없고 장악할 수도 없고 완벽히 인식하는 것도 불가능하다. 그런 대상이 있다면 그는 더 타인이 아니기 때문이다.

　레비나스의 '시간과 타자'는 하이데거의 '존재와 시간'에 대한 반박이면서 '시간'에 대한 다른 관점을 제시하며 흥미를 주었다. 그리고 죽음에 대한 한계를 '죽은 후 벌어질 일을 우리는 아무도 모른다'고 공자처럼 명확히 서술하였다. 사실 우리는 죽음을 잘 모르고 앞으로도 그럴 것이다. 그렇다면 레비나스가 말한 대로 '절대로 잘 모를 것 같은 것'을 알려고 하기보다는 '잘 모르는 것과 인간이 관계를 맺고 있다는 것'의 의미가 무엇인지 생각해 보는 것이 더 중요하다고 여겨진다. 즉, 선택한 삶의 진의보다 만족하고 보람을 느끼며 선배들의 삶을 반추해가면서 열심히 사는 방법도 하나의 길이란 생각이 든다.

3. 주체적이고 능동적 삶을 살자

하이데거는 인간은 불만, 불안, 권태 속에서 사로잡혀 살면서 이를 극복하려면 시인, 예술가로서의 삶을 살아가야 한다고 주장하였다.

앞선 누군가의 책임과 희생 없이 인간의 삶이 가능할까? 누군가의 선구적 희생 속에서 가치와 물질적 풍요가 쌓이고 후대는 만족스러운 삶을 누리고 살 수도 있다. 어떤 사람은 인간은 50세를 넘으면 인생관을 바꿔주면서 살아야만 한다고 한다. 양심의 가책, 질투 등 남을 쳐다보고 부러워할 시기는 지났다는 것이다. 이제 자존심, 꿈, 사랑은 버리고 오직 자신, 즉 나만을 위해서 살아가도록 집중해야 한다는 것이다. 앞으로는 지나온 삶을 후회한다는 표현은 쓰지 말고 지금까지 해온 일에 대해 다시 다양한 의미를 부여하는 적극적인 행동으로 해석하면 좋겠다는 생각이 든다. 타인의 시선을 의식하지 말고 연연하지 않아도 되는 주체적 삶을 살도록 노력해야 한다. 뜻밖의 일이 발생했을 때는 '그 문제를 내가 조절할 수 있는 것인가?'의 관점에서 검토하며 접근하고 많은 복잡한 집착의 끈을 놓아 버리면 새로운 평안함이 찾아올 것이기 때문이다.

자존심과 수치심을 버리면 젊었을 때 무엇이든 할 수 있을 것 같았지만, 살다 보면 내가 해낼 수 있는 일들은 미미한 것처럼 보이는 일들뿐인 것 같앉는데, 지나고 보면 사실은 그런 것들이 중요한 일임을 깨닫는다면 이것은 인생의 성숙이라 부를 수 있을지도 모른다. 하이데거는 수다만 떨면서 시간을 낭비하는 행위를 추락이라 비판했다. 깨달음을 추구하고 삶을 살아가는 방식은 크게 구분하면 나 홀로 살거나 아니면 타인과 함께하는 방식이다. 불필요한 것을 정리하고 타인의 눈을 의식할 필요 없이 지금 있는 그대로 육체적 매력이 떨어지고 업무능력도 떨어지는 등의 자신을 그대로 받아들이고, 현재의 자신에 맞는 취미생활과 직업으로 알맞은 활력과 삶의 의미를 찾는 방식이 그 하나이다.

레비나스가 보기에 데카르트의 생각하는 나, 니체의 초인으로서의 나, 칸트의 자연 세계와 도덕 세계의 입법자로서의 나, 키르케고르의 신 앞에 홀로선 나, 하이데거의 죽음 앞에 홀로선 나 등 제목만 보아도 지금까지의 서양 철학은 나와 다른 거는 무시하였다고 보인다. 나의 관점을 중요하게 여겼다. 레비나스는 타인과의 관계 속에서 타인과 만남을 통해서 의미를 깨닫고 변화, 발전의 계기가 된다고 한다.

고독한 나의 모습을 성찰을 통해서, 때로는 불교적 참선을 통해서 나를 깨닫고 삶의 고뇌에서 벗어나 깨달음을 얻고 타인과의 관계 속에서 나의 존재의미를 발견한다면 그 또한 괜찮은 삶의 방식으로 다가온다.

12장

나의 상실기

: 바람 앞 촛불 같은 삶

12장 나의 상실기

- 바람 앞 촛불 같은 삶 -

"비가 오면 생각나는 그 사람, 언제나 말이 없던 그 사람, 지금은 어디에서 행복할까! 지금도 보고 싶은 ~ 그때 그 사람~"

가수 심수봉의 '그때 그 사람' 노랫말이다. 이 노랫말처럼 보고 싶은 사람이 있다. 바람 앞의 촛불처럼 위태롭게 이 세상을 살다 가신, 이제는 바람 앞에서도 꺼지지 않는 보호막을 갖춘 백열등 같은 나의 조부 이야기다.

나는 사실 말이 없는 사람을 만나면 지루하다. 말을 걸면 대답이나 할 정도로 말이 적은 사람들은 피곤하다. 나는 말이 많은 편이다. 아는 친구 집에 처음 방문했는데 아버지가 교장 선생님이었다. 냉면을 먹으며 2시간 정도 있었는데 한 그릇 더 먹으라는 말이 전부였다. 하루에 한두 마디 하는 분들은 어릴 적 분명 무슨 사연이 있어서 본인도 모르게 말문이 막힌 건 아닌가? 하는 생각도 든다. 나는 보통 사람처럼 서로 만나면 자연스럽게 웃으며 가볍게 농담도 하며 지내는 걸 좋아한다.

그러나 나도 처음부터 사교적인 성격은 아니었다. 나의 어릴 적 기억 속에 나의 조부는 가족 중에서도 특히 거의 말이 없었다. 1979년 76세에 돌아가셨다. 시골 마을에서 조부는 호인, 법 없이도 사는 분 등 평판이 좋으셨다.

내 기억에 키도 크고 손재주도 많으셨다. 조부와 내가 공유한 시간은 14년이다. 내가 14살 때인 1979년 중학교 2학년 때 돌아가셨다. 나는 중학교 1학년 때부터 조부가 내 이름을 부르면 사랑채로 달려가 한 달에 한 번 정도 사랑채에서 조부의 흰 머리를 10번 정도 이발기(바리깡)로 밀어드린 기억이 난다. 우리는 중학교 3학년까지 머리를 빡빡 밀고, 검은색 교복을 입고 중학교 정문에서 거수경례하고서 등교하던 시절이었다. 그래서 집마다 수동 이발기가 드물게 있었다.

중학교 3학년 어느 날 조부가 며칠 앓으시다가 돌아가시고 마을 사람과 친인척이 모여서, 장례식을 치른 것이 내가 이 세상에서 처음 마주한 죽음이었고 처음 경험한 상실이었다. 꽃상여가 준비되고 많은 사람이 모였고 마을이 200호 정도로 당시에는 큰 규모였기 때문에 가난한 농촌 시골 마을이었지만 나의 기억 속에 사람들은 평화로워 보였다.

아무런 생각 없이 그렇게 몇 년이 흐른 어느 날, 조부가 유년기인 4세에 거의 동시에 부모님이 돌아가셔서 천상천하 고아로 자랐단 사실과 조부가 내가 태어난 날 당시 속설에 따라 낫으로 탯줄을 잘라주면 장수한다고 하여 장손인 나의 탯줄을 낫으로 잘라주며 기뻐하셨다는 사실을 우연히 어머니에게서 들어서 알게 되었다.

그리고 내가 성인이 되고 은행에 취직한 어느 날, 할머니는 자신도 보지 못한 5km 거리에 떨어져서 위치한 나의 증조부모 산소를 이곳 나의 고향으로 이장하여 잘 모셔야 한다고 자주 언급하였다. 1907년 당시 4세인 조부의 부모님이 동시에 병으로 돌아가시고, 묘소는 집 건너편으로 5킬로 정도 떨어진 산속 찾기 힘든 곳에 초라하게 위치하고 있었다. 나는 상실기를 쓰며 조부의 증조부모가 거의 동시에 43세인 1907년에 돌아가신 사실을 족보를 찾아보고 확인하였다.

1907년 일제 식민시대에 할아버지가 4세 때에 고아가 된 상황을 알고 나는 갑자기 궁금했다. 조부는 4세에 고아가 되어 어떻게 홀로 생존하며 험난했던 시기를 살아오셨는가? 조모에게서 들은 바로는 조부의 부모님이 동시에 병으로 돌아가시고, 당시 4세인 조부가 장례식날 병풍 뒤에서 자신의 부모가 돌아가신 것도 모르고 숨바꼭질하고 놀아서 동네 사람들이 가슴이 아파했다는 사실과, 17세 때까지 친척 집과 마을 사람들 집에서 지내다가 18세인 1921년 일본으로 건너가서 자수성가하여 정미소를 운영했고, 아는 분의 소개로 할머니가 일본으로 가서 조부와 1938년 일본에서 결혼하여 거기서 나의 부친을 낳았다고 하였다.

해방 후 귀국 과정에서 대한해협에서 앞에 가는 배가 폭사하여 수백 명이 죽고 두 번째 배를 탄 덕분에 운 좋게 살았다는 사실과 태평양 전쟁으로 정미소는 몰수되었고, 가지고 나온 일본 돈은 해방 후 고향으로 오자마자 터진 6·25사변으로 강경시, 비금도 등으로 피난 다니며 사라졌다는 사실을 어릴 적 어렴풋이 들은 기억이 난다. 6·25전쟁이 끝나고 다시 고향에 정착하였고, 조부는 그렇게 파란만장한 삶을 살아오신 것이다.

나중에 우연히 호적등본을 확인해 보니 조부가 살던 일본은 일본 복강현 팔반시 지금의 후쿠오카였다. 조부의 평소 말이 없던 모습의 기억들이 한순간 모두 이해가 되었다. 2003년 나는 조부 생각에 후쿠오카에 가본 적이 있다. 조부가 4세에 고아가 되었으니 교육은 거의 못 받았을 것이고, 어릴 적 상실감·마음의 상처 등이 트라우마가 되어 괴롭혔을 것으로 생각된다. 유아기의 무의식에 엄청난 고통이 내재하여 마음을 쉽게 열 수 없었을 것이고 말이 없었던 것으로 생각된다. 내가 그 상황이었으면 어떠했을까?.

정말 유년기부터 바람 앞에서 꺼질 듯 말 듯 촛불 같은 삶을 산 분이라 여겨졌다. 그런 상황에서도 조부는 어쨌든 살아남으셔서 아들 4명, 딸 3명을 출산하였으나 아들 3명, 딸 1명은 전쟁과 피난 등 고난의 시기에 사망하고, 아들 1명(나의 부친), 딸 2명 만 성인이 되었다. 4세 고아에서 지금은 100여 명 이상의 후손이 생겨났고 그중에 한 명이 나다. 나는 '강한 자가 살아남는 것이 아니라 살아남은 자가 강한 사람'이라는 말을 들으면 그 사람이 나의 조부라고 말하고 싶다.

우리 가족은 조모의 소원(증조부모 묘를 조부의 묘소 옆으로 이전)을 실현하고자 부단히 신경을 써서 8년 전 조부모님 산소 옆에 1907년 돌아가신 증조부모 묘를 이장하여 잘 모시고 봉분을 조성하여 지금은 증조부모, 조부모 네 분이 사이좋게 영면하고 계신다.

그 후 또 몇 년이 흐른 어느 날 나는 놀랄만한 소식을 고향의 모친에게서 들었다. 옆 마을에 사시는 큰고모 집에 일본에서 조부의 손자가 와서 조부의 산소가 어디인지 물었다는 것이다. 그런데 큰고모가 가르쳐주지 않고 시치미떼고 돌려보냈다는 사실을 1년 후에 말해서 알았다는 것이다. 알고 보니 조부가 조모와 일본에서 결혼 전에 일본 여인과의 사이에서 태어난 아들이 하나 있었고, 그 아들의 아들(손자)이 조부의 산소에 가 술 한잔 드리려고 물어물어 찾아왔는데, 큰고모는 냉정하게 알려주지 않고 거절한 것이었다.

그 사연을 듣고 난 후 나는 매우 화가 나기도 하였다. 그 후에 우리 가족들은 소개자를 역으로 수소문해서 그에 대해 알 수 있었다. 그는 일본 대학에서 교수였고, 자신의 뿌리인 나의 조부의 고향을 찾았는데, 중간 소개자가 옆 마을에 큰딸이 산다고 거기로 가라 해서 갔다고 한다. 하지만 냉정한 큰고모가 조부 산소를 가르쳐 주지 않고 모른다 하여, 그는 포기하고 일본으로 되돌아갔다고 했다. 모든 상황이 꼬였다. 나는 이 모든 사실을 알고 가슴이 아팠다. 그러나 그분의 마음을 되돌릴 수는 없었다. 그는 '이제 와서 어떻게 하겠는가? 이것도 운명이라며 운명대로 살겠다'고 했단다.

가끔 조부·증조부모 산소에 가면 파란만장한 삶을 사시다가 지금은 하늘나라에서 계신 조부모들을 생각하며 '인생은 나그넷길, 빈손으로 왔다가, 빈손으로 가는가'라는 어느 가수의 노래가 생각나곤 한다.

"할아버지! 힘든 세상 만나서 정말 수고 많으셨습니다. 저희들을 이 세상에 존재하게 해주셔서 할아버지께 다시 한번 감사의 말씀을 드립니다. 후손들은 앞으로 열심히 잘 살겠습니다. 이제는 아무런 걱정하지 마시고 하늘나라에서 편히 쉬십시오!" (장손 박하성, 2023.5.25.)

13장

'우정' 덕목의 본질과 해석

: 사랑, 우정

13장 '우정' 덕목의 본질과 해석

- 사랑, 우정 -

인간은 혼자서는 살 수가 없는 사회적 동물이다. 그리고 그 말의 의미는 인간은 친구 없이는 살 수 없다는 말을 의미하기도 한다. '친구 따라 강남 간다', '친구를 잘 사귀어야 출세한다' 등 우리 주변에는 친구와 관련된 수많은 언어와 속담이 존재한다. 요즘 '나 혼자 산다' '나는 자연인이다' 등 친구 없이 혼자 사는 삶을 강조하는 TV 프로그램들이 자주 등장하는 것을 본다. 이것은 현재 상황을 반영하는 것으로 이혼율의 증가와 저조한 출산율 등으로 1인 가구가 증가하여 부득이 홀로 사는 사람들이 증가한 세태를 반영하기 때문이다. 하지만 이것은 엄격한 의미에서 바람직한 삶은 아니다. 인간이 사회 공동체를 떠나서 무인도에서처럼 혼자 삶을 영위한다는 것은, 사회 전체적으로 가치가 없는 삶이기 때문이다.

인간은 태어나며 이미 사회 공동체의 도움을 받았기 때문에 엄밀히 말하면, 받은 만큼의 공동체 유지 발전을 위해 봉사할 의무감도 있을 수 있다. 즉, 인간은 유한한 존재이기에 죽음을 피할 수 없으며, 죽음을 극복 초월하기 위하여, 공동체에 우연히 출생하여, 부모와 공동체 사회의 도움으로 성장하면서, 친구를 사귀고 성인이 되어서 여성과 사랑을 하여 자손을 출산하고 공동체를 유지 발전시킬 의무감도 있다는 생각이 든다.

그러나 우리가 처한 현실에서는, 젊은 층의 결혼 기피 현상으로 혼자 사는 혼족들과 졸혼으로 인한 노인들의 나 홀로 가구의 증가가 이런 현상에 큰 영향을 주었다고 볼 수 있다. 그러나 인간은 삶을 살아가며 공동체를 유지 발전시키기 위해서는 가족을 유지하고 친구를 사귀며 사랑하여 자녀를 생산하며 공동체 삶을 영위해야만 한다. 인간은 사회적 활동을 하기 위해서는 친구를 사귀어야 할 의무가 있다고 주장하는 사람도 있다. 한편으로는 친구는 좋은 존재이면서, 다른 한편으로는 해로운 존재이기도 하다. 친구를 잘못 사귀어 손해를 보기도 하고 친구를 잘 사귀어 이득을 보기도 한다.

현대사회에서 가족제도가 붕괴하며 핵가족화하며, '나홀로족'화 되어 생활하는 것이 일상화되고, 혼밥족이 등장하며 1인 가구가 절반을 넘어가는 시대에 살고 있다. 고독사 문제가 사회 문제화되고 반려견이 가족의 역할을 대신하며 유산 상속을 받는 상상하지 못할 일들이 벌어지는 시대가 도래하였다. 인간은 혼자 살 수 없는 사회적 존재이기에, 반려견이 외로운 사람과, 나홀로족을 위로해 주는 현상들이 증가하며 유모차에 아기 대신 견공들이 앉아 있는 웃지 못하는 상황이 벌어진다. 심지어 견공 장례식장, 견공 호텔, 견공 미용실 등 과거에는 상상이 불가한 일들이 벌어지고 있다. 우리는 이런 시대를 살아가면서 가족, 친구, 우정의 가치와 미덕을 근본적으로 생각하지 않을 수 없게 되었다. 왜냐하면 이는 인간 공동체의 바탕을 이루는 중요 덕목이기 때문이고 공동체 붕괴를 막을 수 있는 주요 요소이기 때문이다.

현재의 시대적 상황은 전통 가족제도의 붕괴와 가치관의 붕괴에 따른 인간성 상실의 시대이다. 개인주의와 이기주의가 만연하여 나밖에 모르며, 공동체의 가치를 알지 못하는 젊은 세대들이 증가하고, 남과 주변의 일에는 관심 자체가 없고 모두가 핸드폰만 보며 길을 걷는 상황이다. 친구와의 담소와 대화 없이 게임에 몰두하고, 심지어 AI에 고민과 자살상담을 하고 생을 마감하는 인간이 있다는 비극적 뉴스가 등장하는 시대에 살고 있다.

이 장에서는 우정, 친구의 본질을 파악해보면서 가족과 친구의 관계, 친구 유형, 우정의 중요성 등 가족 공동체 속에서 친구와 우정의 의미 등을 음미해 보면서 밝은 인간관계를 유지하는 우정의 덕목에 대해 고찰해 보고자 한다. 특히 인간관계의 관계적 미덕 중 하나인 우정에 대하여, 고대 그리스 시대 철학자인 아리스토텔레스의 우정에 관한 논의를 살펴보고, 남녀간의 우정과 에로스, 아리스토텔레스의 우정, 친구 개념이 현대 사회에서 가족과 사회 공동체에 확장, 적용되며 발생하는 문제점 및 한계를 고찰해 보고자 한다. 그리고 반대로 현대 사회에서 간과하는 아리스토텔레스의 우정, 친구 개념의 고귀한 가치는 무엇인지 알아보면서 진정한 친구와 우정의 가치를 고찰하고자 한다.

1. 관계적 덕목인 우정 개념 및 한계

1) 아리스토텔레스의 우정 개념

아리스토텔레스의 우정과 덕의 개념을 확장하여 프리드먼은 아리스토텔레스의 우정에 관한 설명을 하며 비판보다도 우정에 관한 아리스토텔레스

의 기본 설명에 추가하여 우정의 개념이 앞으로 확장될 가능성을 시도한
다.[1] 아리스토텔레스도 "우정은 덕이다. 우정은 덕을 수반한다"라고 하였
다. 우정이 덕이라는 접근은 사교성에서 출발한다. 사교적인 구성 요소로
우호성, 진실성, 우아함 등의 관계덕목이 있고 그 속에는 편파성이나 애정
도 포함되어 있다.

'덕을 갖춘 사람만이 완전한 인격적 우정을 누릴 수 있는가'라는 질문에
대하여 그렇지 않다는 의견이 우세하며 프리드먼은 우정의 영역을 완전한
우정을 포함한 여러 가지 현상을 포함하여 넓힐 것을 제안한다. 그는 "우정
은 단순한 기본적인 욕구 충족만이 아닌 타인과 삶을 공유하며 우리 자신
의 최고를 실현하는 더 깊은 갈망을 충족시키는 것"으로 주장한다. 그리고
그는 아리스토텔레스가 성숙한 에로틱한 갈망을 최고의 우정에 포함하기를
주저한 이유가 고대 아테네의 여성 역할이 지닌 문화적 특수성에서 기인한
다고 진단하고 만약 현대에 적용된다면 달라질 수 있음을 시사한다.

그는 우정의 특징을 친구가 잘되기를 바라는 것으로 특징 지우며, 좋은
친구는 자신과 같은 종류의 관심을 가져야 한다고 본다. 그리고 친구는 인
간 특유의 활동을 공유하며 자신을 성찰할 수 있기 때문에 아리스토텔레스
의 비전을 실천하기 위해서는 아무리 뛰어난 사람도 그것을 공유할 다른 사
람이 없으면 불완전하다는 인식이 필요하다고 본다. 그는 우정의 평등에 대
해 논의하고 가장 좋은 종류의 친구는 평등해야 한다는 결론에 도달한다.

---

1. 프리드먼은 그의 논문 〈우정과 덕의 확장〉에서 '우정'은 논쟁의 여지가 많은 덕목이며, 문화에 따라
   상당한 의미 차이가 난다고 주장한다.

아리스토텔레스에게 우정은 덕을 내포하는 동시에 덕 그 자체라는 결론에 도달한다. 우정은 선함이 비슷하고 동등하며 가치 있다는 인식을 공유하는 타인과 자신의 삶을 공유하는 훌륭한 활동이라는 것이다.

2) 아리스토텔레스의 친구의 유형

아리스토텔레스는 친구의 유형을 세 가지로 정의한다. 그는 우정을 그리스어 '필리아'(philla)로 설명하며 첫째는 이익으로 맺어진 친구이다. 서로에게 얻을 수 있는 goods가 있기 때문에 형성되는 관계라고 할 수 있다. 이는 친구끼리 함께하여 얻는 결과물을 중요시하는 우정이라고 할 수가 있다. 이는 함께 있을 때 즐겁다고 느끼기보다 서로에게 도움이 되고 이익이 되기 때문에 관계가 유지된다고 볼 수 있다.

두 번째는 즐거움만을 공유하는 친구 관계를 들 수 있다. 이런 친구 관계는 취미나 관심사가 같은 경우에 형성되기 쉬운 관계이며 상호 관심사를 공유하고 즐거움을 느끼면서 관계가 형성된다고 볼 수 있다. 오락, 게임, 등산, 투자, 여행 등이 그것이다. 이러한 친구 관계의 우정은 상호 이익과 즐거움이 사라지면 동시에 친구 관계와 우정은 끝난다는 공통점이 있다.

아리스토텔레스가 말하는 세 번째의 우정은 바로 선(善)을 추구하는 우정이다. 이 우정은 상호 이익을 추구하는 친구, 즐거움을 추구하는 친구 관계에서 보이는 모든 요소를 포함하고 있지만 다른 점은 이익과 즐거움이 사라진다고 해도 친구 관계가 지속한다는 점이다. 진정한 친구 관계의 결정적 특징은 친구의 외부적 조건보다는 있는 그대로의 모습을 사랑해야 한다는 점이다.

아리스토텔레스는 상대방이 소중하게 여기는 가치에 대해 상호 간의 존중이 필요하다고 주장한다. 이러한 우정은 서로에 대해 더 많이 알고 싶다는 욕구와 좀 더 가까이 지내고 싶다는 의지에 의해 관계가 더욱 발전하게 된다는 것이다. 진심으로 마음과 마음을 나누는 우정이라고 할 수 있다.

아리스토텔레스는 우정은 인생의 참된 즐거움 중 하나이며 진정한 우정을 나누는 친구가 있어야만 성공한 인생이라고 주장한다. 이는 지금 생각해 보아도 탁월한 생각으로 여겨진다. 왜냐하면 인간은 고민이 생기면 의논할 상대로 가족보다는 친구가 먼저 생각나고 가족보다는 친구와 보낸 시간이 더 많을 때가 있기에 모든 사람의 인생에서 친구는 매우 중요하기 때문이다.

아리스토텔레스는 니코마코스 윤리학에서 "친구가 없다면 아무도 더 살고 싶어 하지 않을 것이다." "아무리 속세에서 진귀한 금은보화도 우정이 없다면 무의미하다"라는 명언을 남기기도 한다.

2. 가족 공동체에서의 우정의 의미

1) 친구와 가족관계의 구분

친구 관계와 가족관계의 본질은, 이 두 가지 종류의 관계의 명확한 규범적 의미를 먼저 정의하지 않고는 결정할 수 없다. 친구 관계와 가족관계는 모두 의미 있는 삶의 일부라는 점에서 기여가치를 갖는 것이고 다른 한편으로론 이런 관계가 기여가치를 가지려면 최종가치가 있어야 하며 그 자체로 가치가 있어야 한다.

지금까지 철학자들은 우정의 본질과 가치에 대해 오랫동안 관심을 가져왔고 최근에는 가족의 본질과 가치에도 연구하기 시작했지만, 규범적으로 관련이 있는 두 가지 관계의 차이점을 설명하기 위해 두 가지 관계를 비교 분석하는 데는 집중하지 않았다. 우정과 가족관계에 대한 토마스(Thomas)의 입장은 친구는 선택할 수 있지만, 가족은 선택 불가하며, 부모 자식 관계는 의존 신뢰로 구분되지만, 우정은 상호 자기 공개(Self Disclosure)를 특징으로 한다고 주장한다.[2]

"내 친구는 나에게 형제와 같다." "내 동생은 나의 가장 친한 친구"와 같은 구어는 이러한 관계에 의미 있는 차이가 있음을 시사한다. 마찬가지로 "우정은 끝날 수 있지만, 가족관계는 끊을 수 없다"는 관념도 존재한다. 그리고 친구 관계와 가족관계의 기여가치가 존재한다고 볼 수 있다. 친구와 가족관계는 관련된 모든 사람에게 특별한 가치의 원천이다.

이런 관계가 잘 형성되면 우리 삶의 질에 중요하게 기여할 수 있다. 일부 철학자들은 친구 가족관계는 개인적 완전성, 자아개념, 규범적 정체성의 필수적 부분이며 인간이 관계를 맺을 수 있는 조건 없는 인권, 출산과 양육에 대한 권리, 사랑받을 권리가 있다고 가정한다. 심지어 콜린스는 이런 개

---

2. 이와 관련 가족의 입양, 파양 등은 가족관계도 선택 가능함을 보여준다.

인적 관계의 가치를 고려할 때, 우리는 할 수만 있다면 친구를 사귀어야 할 의무가 있다고도 한다. 그러나 불행하게도 팬데믹 상황같이 친구를 사귈 수 없는 역사적 시기도 존재한다는 점을 고려하여야 한다.

타인보다 친구와 가족을 위해 더 많은 일을 하는 것은 비록 이것이 대리인 중립적 가치를 극대화하지는 않더라도 도덕적으로 허용되어야 하며, 모든 사람이 같은 도덕적 가치를 가지고 있기 때문에 모든 사람을 동등하게 대우해야 한다. 그런데도 친구, 가족관계인 사람을 특별대우하는 것은 도덕적으로 허용되어야 한다는 일반적 직관이 있다. 그 결과 친구와 가족관계는 우리가 좋은 삶을 영위하고 특정한 사회적 권리의 근거가 되며, 공평한 도덕 이론의 요구를 제한하는 데 중요한 이바지하는 가치의 원천으로 검토되어 왔다.

그러나 이러한 관계는 관계 당사자의 입장에서 그 관계가 잘 진행되고 있다는 가정하에 가능한 것이다. 친구 및 가족관계가 항상 좋은 것만은 아니다. 좋은 친구, 나쁜 친구, 좋은 부모, 나쁜 부모일 수도 있다. 따라서 학자들 사이에서 친구와 가족에게 특별한 의무가 있음을 인정함으로써 그들의 최종가치에 응답할 때만 친밀한 관계를 발전, 유지하는 데 도움이 된다는 광범위한 합의가 있다.

2) 친구와 가족관계의 규범 구조

친구와 가족관계는 특별한 관계에 근거를 두고 있기 때문에 특별의무가 있는데 이는 자연적 의무와는 구별된다. 특별의무는 우리가 이런 의무를 이행할 도덕적 의무가 있기 때문에 특히 엄격하며 이를 무시할 자유가 없다. 따라서 우리는 관계의 상대방에게 덕을 베풀어야 하고 타인의 이익보다 소중한 친구와 가족의 이익을 우선시할 것을 요구하며 결과적으로 대부분 긍정적인 의무이지만 그렇다고 다른 의무가 중요하지 않다는 것을 의미하지는 않는다.

친구 관계와 가족관계의 본질은 이 두 종류의 관계의 명확한 규범적 의미를 먼저 정의하지 않고는 결정할 수 없다. 친구 관계와 가족관계는 모두 의미 있는 삶의 일부라는 점에서 기여가치를 갖는 것이고 다른 한편으론 이런 관계가 기여가치를 가지려면 최종가치가 있어야 하며 그 자체로 가치가 있어야 한다.

지금까지 철학자들은 우정의 본질과 가치에 대해 오랫동안 관심을 가져왔고 최근에는 가족의 본질과 가치에도 연구하기 시작했지만, 규범적으로 관련이 있는 두 관계의 차이점을 설명하기 위해 두 관계를 비교 분석하는 데는 집중하지 않았다.[3]

"내 친구는 나에게 형제와 같다." "내 동생은 나의 가장 친한 친구"와 같은 구어는 이러한 관계에 의미 있는 차이가 있음을 시사한다. 마찬가지로 "우정은 끝날 수 있지만, 가족관계는 끊을 수 없다"는 관념도 존재한다.

타인보다 친구와 가족을 위해 더 많은 일을 하는 것은 비록 이것이 대리

---

3. 가족과 친구의 관계는 현재의 핵가족화와 1인 가구의 나홀로족이 급증하는 현대 사회에서 가족의 붕괴가 가속화된다면, 가족보다 친구 관계의 중요성이 커질 수 있다.

인 중립적 가치를 극대화하지는 않더라도 도덕적으로 허용되어야 하며 모든 사람이 같은 도덕적 가치를 가지고 있기 때문에 모든 사람을 동등하게 대우해야 하지만, 그런데도 친구, 가족관계인 사람을 특별대우하는 것은 도덕적으로 허용되어야 한다는 일반적 직관이 있다.

그 결과 친구와 가족관계는 우리가 좋은 삶을 영위하고 특정한 사회적 권리의 근거가 되며, 공평한 도덕 이론의 요구를 제한하는 데 중요한 이바지하는 가치의 원천으로 검토되어 왔다. 그러나 이러한 관계는 관계 당사자의 입장에서 그 관계가 잘 진행되고 있다는 가정하에 가능한 것이다.

친구 및 가족관계가 항상 좋은 것만은 아니다. 좋은 친구 나쁜 친구 좋은 부모 나쁜 부모일 수도 있다. 따라서 학자들 사이에서 친구와 가족에게 특별한 의무가 있음을 인정함으로써 그들의 최종가치에 응답할 때만 친밀한 관계를 발전, 유지하는 데 도움이 된다는 데는 다음과 같은 경우에 광범위한 합의가 있어야 한다. 병원에 입원한 치매 부모님을 돌보아야 할 상황 발생(자식들의 이익에 기반한 특수의무, 노인 거동 불편, 치매 문제, 도덕 원칙에 기반한 효도 의무)할 경우이다.

친구와 가족관계의 뚜렷한 가치와 그로 인해 발생하는 관련된 의무는 이 두 가지 유형의 관계를 특징짓는 특징에 근거한다. 우리가 친구나 가족에게 빚지고 있는 관련된 의무가 서로 어떻게 다른지 설명할 수 있다.

친구 관계의 구성 요소는 자유로운 선택, 평등, 상호 애정 등으로 구성되어 있다. 가족관계는 친족간 생물학적 관계, 사회적 역할 등의 특징이 있다.

또한 가족관계에서 우선순위를 부여해야 할 상황이 발생할 경우도 존재한다. 예를 들면 부모가 아들에게 우선권 부여하며, 딸을 무시하는 경우이다. 그리고 자발적으로 친구 관계를 시작했다는 사실만으로 친구 관계를 정당화할 수는 없다. 평등은 존중을 보장하는 우정의 한 측면이지만 그러나 평등이 의무의 근거가 되는 것은 아니다. 낯선 사람의 경우도 동등한 사람으로 대해야 한다.

친구는 가치와 상호 애정이라는 감정에서 공유하는 평등성이다. 상호 애정은 너무 변덕스럽고 쉽게 변하기 때문에 의무의 원천으로 간주할 수 없다. 친구 관계의 가치 있는 요소들이 우리가 친구에게 관계적 의무를 지게한다는 주장을 정당화할 수 없으며, 결과적으로 친구와 가족관계 사이의 규범적으로 관련된 차이를 설명하지 못한다면, 가족관계의 확실하고 뚜렷한 가치들이 더 유망해 보일 수 있다.

생물학적 유대와 사회적 역할의 가치에 대하여 일부 철학자들은 우리가 생물학적으로 친척이라는 사실 자체가 정체성을 형성하고 의미 있는 삶을 영위하는 데 그 자체로 가치가 있다고 주장한다. 생물학적 친척은 우리 자신을 볼 수 있는 거울과 같다고 한다. 결과적으로 우리는 소중한 유전적 유대에 부응하는 것이 가족에 대한 의무라고 생각할 수 있다. 그러나 출생 후 친아버지가 사라지고 계부가 사회적 아버지 역할을 맡게 된 아이의 경우 유전적 유대만으로 연고적 의무를 취득했다고 주장할 수는 없다. 또한 정체성을 형성하는데 유전적 유대가 필요한지 여부는 의문이다. 혈연과 연결될 필요가 없는 경우도 많이 존재하기 때문이다.

    가족은 양육에 초점을 맞춘 가족을 구성하는 사회적 역할에 의해 특징 지워진다. 그러나 이 개념으로 시간이 흐르며 가족에 대한 개념이 사회적으로 변화한다는 사실을 쉽게 설명할 수는 없다. 따라서 친구와 가족관계의 차이를 설명할 수 있으려면 다른 평가적 특징을 찾아야 한다.[4] 친구, 가족이라는 용어는 설명적 내용이 긍정적, 부정적으로 평가되는 개념으로만 사용할 것이 아니라 이중적 성격 개념으로도 사용해야 한다. 예를 들어 친구 또는 어머니로 간주할 수도 있다. '진짜' 또는 '진정한' 친구가 행동해야 한다고 생각하는 행동방식으로써 우정의 규범을 충족하는 경우도 친구로 생각할 수 있고, 어머니의 경우도 진짜 어머니, 사랑스러운 어머니처럼 평가적 차원의 이중문자 개념 사용은 이상적인 관계개념에 사용될 수 있다.

    모니카 베츨러는 "피가 항상 물보다 진한 것은 아니며 각각의 경우 따라 특정 우정이 특정 가족관계보다 더 큰 규범적 비중을 가질 수 있다"[5]고 주장한다.

---

4.   '가족'과 '친구'의 차이를 평가하는 혈연 이외의 다양한 평가 기준은 문화적 차이에 따라서 달라질 수도 있다. 예를 들어 중국과 한국에서 친구와 우정의 개념은 우리가 알고 있는 것과 의미가 다름을 알 수 있다. 관포지교(무한, 관대한 우정), 도원결의(죽음으로 맹세한 가족, 형제애) 등 중국인의 생각은 실제로 현재 우리의 친구 관념과도 차이가 난다. 가족 개념도 동남아, 서구, 유교문화권, 아프리카 등 문화권에 따라 다양하다.

5.   M. 베츨러는 가족의 혈연보다도 우정 속에 포함된 가치, 신념, 의리 등이 더 중요할 수도 있음을 강조한다.

3. 사회적 활동 파트너로서 남녀 간의 우정

1) 남·여의 사회적 역할변화

현대사회는 핵가족화되어 가족보다는 직장이 우선시 되며 실제로 직장에서의 생활이 가정에서의 생활보다 더 많은 경우가 존재한다. 물론 직장 생활을 하는 경우에 논의를 한정할 경우이다. 사회적 활동에서 남·여의 역할이 기대되며 파트너의 역할이 기대되는 상황에서 때로는 친구의 역할과 비슷한 경우가 많이 발생하기도 하며, 남·여 간의 우정과 사랑이 공존하기도 한다. 간단히 줄이면 '남, 여 간에 우정이 존재할 수 있는가?'와 '우정과 사랑이 공존 가능한가'의 질문으로 귀결된다. 고대 그리스의 아리스토텔레스가 주장한 당시의 시대적 상황과 현재의 시대적 상황, 그리고 남·여 평등의 인권적 상황이 크게 변화된 점은 변수로 고려되어야 한다는 건 주지의 사실이다.

우정의 본질은 멈춤이 아니라 계속 성장하는 것이어야만 가치가 있는 것이다. 그래야 진정한 친구 관계가 지속하기 때문이다. 남녀의 우정도 마찬가지일 것이다. 급변하는 사회적 변화에 따라 여자도 군대에 입대하며 남녀의 직업에 구분이 점점 없어지고, 역할이 모호해지는 시대이다. 우정과 사랑이 공존하는 시대가 도래했다고 보이기도 한다. 에로스와 필리아의 구분이 어려운 것이다.

우정의 본질에 관한 철학적 설명으로 '상호배려, 친밀감, 공동사회활동'

등을 우정의 필수 조건으로 설명한다. 우정은 친밀성의 상호관계이고 유익함이나 즐거움에서 우정이 생기고 우정은 나쁜 사람들이 아닌 좋은 사람들 간의 사랑과 애정에서 생긴다는 것이다. 이러한 문구는 남녀 간의 우정에 적용하여도 수용할 수 있다.

아리스토텔레스에 의하면 "친구는 또 다른 자기 자신"이라고도 한다.[6] 어쩌면 신은 마음이 아픈 모든 인간을 치유할 수가 없어서 친구를 만들었을지도 모른다는 말이 있듯이, 친구 관계는 인생의 좋은 동반자일 수도 있고, 노년에 서로 이해해주고, 함께 놀 수 있는 친한 친구가 가까이 있다면, 이것은 행복한 인생을 위한 필수 조건을 갖춘 인생일 수 있다.

우정을 가장 잘 표현할 수 있는 파트너십을 통한 활동으로서의 우정, 즉 선을 함께 추구하는 우정이 아리스토텔레스의 기본개념에 충실한 까닭이다. 아리스토텔레스가 말한 완전한 우정을 이루기 위해 어떤 특별한 탁월함이 필요한가? 첫째, 친구가 잘되기를 바라는 것으로 특징적인 것은 자신과 같은 종류의 관심을 가져야 한다. 둘째, 인간 특유의 활동을 공유하며 자신을 성찰할 수 있기 때문에 아리스토텔레스의 비전을 실천하기 위해서는 아무리 뛰어난 사람도 그것을 공유할 다른 사람이 없으면 불완전하다는 인식이 필요하다. 셋째, 그는 우정의 평등에 대해 논의하고 가장 좋은 종류의 친구는 평등해야 한다는 결론에 도달한다.

---

6. 아리스토텔레스의 '친구는 또 다른 자기 자신 이론'은 현대적 시각에서 논쟁의 소지가 있을 수 있다. 왜냐하면 나의 내면의 모습은 너무나 다양하고, 나의 친구는 다양할 수도 있으며, 현대인의 성격은 하나로 특징지을 수 없을 수도 있기 때문이다.

2) 남·여의 우정과 에로스

고대 그리스의 시대적 상황과 현대의 상황을 고려하면 아리스토텔레스의 우정 이론은 수정이 불가피한 측면이 보인다. 현대 사회의 시각에서 본다면 남녀 간의 우정과 사랑은 공존 가능한 것으로 여겨진다. 아리스토텔레스가 성숙한 에로틱한 갈망을 최고의 우정에 포함하기를 주저한 이유가 고대 아테네의 여성의 역할이 지닌 문화적 특수성에서 기인한다고 진단한다면, 이는 현대에 적용할 경우 달라질 수 있음을 시사한다.

파트너십을 기반으로 한 현대 사회의 특성은 공동생활, 가정생활에 유사하며 부분적으로 아리스토적이라 할 수 있다. 아리스토텔레스에게 우정은 덕을 내포하는 동시에 덕 그 자체라는 결론에 도달한다. 우정은 선함이 비슷하고 동등하며 가치 있다는 인식을 공유하는 타인과 자신의 삶을 공유하는 훌륭한 활동이다. 즉 두터운 정의라 할 수 있다. 아리스토텔레스는 에로틱한 우정이 인격적 우정이 될 수 있다고 주장했다. 즉, 서로를 충분히 이해하고 사랑하면서, 뚜렷한 덕과 세상을 바라보는 관점이 비슷하면서도 다른 사람들과의 사이에 우정이 발전하고, 이것이 장기적으로 지속할 때 나타날 수 있는 우정의 유형으로 장기적인 연애 파트너, 배우자 사이의 우정도 있다는 것이다. 아리스토텔레스는 에로스와 최고의 우정 사이에는 긴장감이 있다고 주장하는데 사랑하는 관계이면서 동시에 최고의 우정 관계는 양립할 수 있어 보인다. 애인이며 친구인 관계, 친구이며 애인인 관계도 가능하다고 생각이 든다.

삶과 죽음에 관한 생생진담

4. 나가면서

본 글에서는 현대 사회에서 더욱 필요해진 우정의 미덕에 대해 논의하였다. 전통 가족제도의 붕괴로 말미암아, 나홀로 가구, 혼족, 애완견에 의지하는 삶, 고독사의 증가가 증가하며 '나 혼자 산다', '나는 자연인이다' 등의 티브이 프로그램 인기 저변에 깔린 '고독과 외로움'을 극복하기 위해서는 우정과 친구의 소중함을 인식하고 회복하려는 노력이 필요함을 알 수 있었다. 그리고 그러한 프로그램들의 문제점에 대한 비판도 있어야 함을 알 수 있었다. 그것은 가족과 친구의 가치를 왜곡할 소지가 충분하고, 인간은 혼자서 사는 것은 의미가 없는, 사회공동체적 존재이기 때문이다.

친구, 우정의 개념은 그 공동체 유지의 기본 덕목이다. 그리고 현대 사회에서 고대 그리스 철학자 아리스토텔레스가 언급한 에로스와 우정의 긴장감은 사회제도의 변화와 남녀 간의 파트너로서의 역할변화로 말미암아 남녀 간 우정과 사랑이 쉽게 교차할 수 있음을 언급하였다. 친구 관계는 동서고금을 막론하고 우리 삶의 중요한 요소이며 이 점을 부인할 사람은 없다. 2,500년 전 아리스토텔레스도 니코마코스 윤리학에서 "젊은 사람들에게 친구는 서로의 잘못을 잡아준다. 나이 든 사람에게는 친구는 서로를 돌봐주고 부족함을 채워준다. 둘이 함께 가면 생각, 행위를 하는 데 있어서 더 강해진다"라며 성인들은 친구의 중요성을 강조했다. 공자도 3명이 길을 가면 그중에 1명의 스승이 있다고 하였다.

친구는 바른길로 인도해줄 가능성이 있는 사람이며 나의 잘못을 반성해 주는 거울이기도 하다. 친구 관계의 본질은 상대에게 우선순위를 내주는 상호배려가 있어야 진정한 우정이 지속할 것이고, 기쁨보다는 슬픔을 공유할 때 더 친밀감을 느낀다. 상호관계에서 말하기와 듣기의 균형 유지는 우정을 지속하고 성장시키는 방법일 것이다. 우정을 지속시키는 방법이 고민으로 다가온다면, 지금 우리는 주변의 친구를 생각하며 고민해 볼 필요가 있다.

좋은 친구나 가족관계, 즉 참여자들이 특정한 이상을 실현하는 관계는 참여자들이 함께 누릴 수 있는 특정한 '관계 의존적 이익'이 있다는 점에서 관계 재화를 공동 창출하는 관계이다. 부모와 자녀 관계가 친밀감, 가족 경험 공유, 가족 지속성을 누리는 것은 부모와 자녀 모두에게 이익이 되며 그들의 연관 의무에는 이런 재화를 개발하는 것이 포함된다. 친구와 가족관계는 우리가 더욱 의미 있는 삶을 사는 데 도움이 된다. 번성하는 관계일수록 기여가치를 지니고 그 자체로 가치가 있다고 인정할 때 더욱 풍성해진다. 그 가치를 실현하기 위해서는 연관된 의무가 발생하며 친구, 가족관계는 공통된 규범적 구조를 가진다.

'친구와 가족관계의 차이를 어떻게 설명할 수 있는가'라는 문제에 관하여 베츨러는 "생물학적 관계, 사회적 역할, 평등, 선택의 자유, 상호 애정의 특징들은 친구와 가족관계의 특징이지만 그것과 연관된 의무의 근거가 될 수 없다는 것을 발견했다"고 주장한다. 더 유망한 것은 친구, 가족관계 참여자들이 공동으로 창출할 수 있는 고유한 재화이다. 우정의 본질은 우정은 멈춤이 아니라 계속 성장하며 유지해야 한다는 것이다.

본 글에서는 우정의 본질에 관한 설명으로 '상호배려, 친밀감, 공동활동' 등을 우정의 필수 조건으로 보면서 논의를 전개하였다. 우정은 친밀성의 상호관계이고 유익함이나 즐거움에서 우정이 생기며, 우정은 나쁜 사람들이 아닌 좋은 사람들 간의 사랑과 애정에서 생긴다는 것이다. 아리스토텔레스에 의하면 "친구는 또 다른 자기 자신"이라고도 한다. 어쩌면 신은 마음이 아픈 모든 인간을 치유할 수가 없어서 친구를 만들었을지도 모른다는 말이 있듯이 친구 관계는 인생의 좋은 동반자일 수 있다. 특히 노년에 서로 이해해주고, 함께 놀 수 있는 친한 친구가 가까이 있다면 이것은 행복한 인생을 위한 필수 조건을 갖춘 인생일 수 있다.

상호배려는 친구 간 상호 가지고 있는 좋은 특성 때문에 친구를 배려한다고 하는데 이게 사실인지는 개인적으로 의문점이 들었다. 그렇지 않은 경우도 있기 때문이다. 친구가 불행하거나 친구의 단점을 감싸주고 개선해 주기 위해 배려하는 경우도 있다. 배려는 부분적으로 사랑하는 사람에게 가치를 부여하는 문제로 이해된다고 하지만 다른 경우도 있기 때문에 논의가 필요해 보인다. 친구는 서로의 가치관과 삶의 방식에 영향을 주고받는다는 것은 사실이며 이 과정을 통하여 상호 성장 발전해 간다. 다만 친구 관계가 지속 유지되기 위한 개인의 노력과 방법은 별개의 문제로 추후 논의가 필요하다고 본다.

　우정의 본질 논의에 추가하여 '친구 관계 수가 많고 적음의 차이', '친구 관계가 소수이더라도 얼마나 깊이 있는 만남을 유지하고 있는가' 등에 관한 논의도 흥미로운 주제이다. 친구가 불행하거나 친구의 단점을 감싸주고 개선해 주기 위해 배려하는 경우도 있다. 배려는 부분적으로 사랑하는 사람에게 가치를 부여하는 문제로 이해된다고 하지만 다른 경우도 있다. 친구는 서로의 가치관과 삶의 방식에 영향을 주고받는다는 것은 사실이며 이 과정을 통하여 상호 성장 발전해 간다.

　다만 친구 관계가 지속 유지되기 위한 개인의 노력과 방법은 별개의 문제이다. 우정과 특정 도덕 이론 사이의 관계에 의문을 제기하는 연구가 증가하고 있다고 한다. 우정에는 특별한 의무, 즉 우정 관계에서 비롯된 특정인에 대한 의무가 수반되는가 하는 문제이다. 친구이기 때문에 낯선 사람을 도와야 할 의무를 넘어, 친구를 돕고 지원해야 할 의무가 있다고 느끼는 상황이 많이 발생한다. "우정에는 편파성이 요구되지 않는다"는 주장이 대립한다. 이러한 점을 고려할 때 우정과 도덕적 의무 사이의 관계에 대한 의문이 제기된다는 것이다.

　스토커는 공정한 도덕적 의무와 우정의 부분적 의무 사이의 명백한 분열을 치유하기 위해 도덕적 의무와 비도덕적 의무의 구분을 버려야 한다고 주장하였다. 우정이 도덕에서 차지하는 위치를 정립하려면 더 넓은 문제로 시야를 돌려야 한다. 친구 관계의 본질은 상대에게 우선순위를 내주는 상호 배려가 있어야 진정한 우정이 지속할 것이고, 기쁨보다는 슬픔을 공유할 때 더 친밀감을 느낀다.

프리드먼은 아리스토텔레스의 우정에 관한 설명을 하며 비판보다도 우정에 관한 아리스토텔레스의 기본 설명에 추가하여 우정의 개념이 앞으로 확장될 가능성을 시도한다. 아리스토텔레스도 "우정은 덕이다. 우정은 덕을 수반한다"라고 하였듯이 우정과 덕은 논쟁의 여지가 많은 주제이다. 그런데도 거의 모든 인간의 삶 속에 포함되어 있고, 문화에 따라 상당한 의미 차이가 난다. 우정이 덕이라는 접근은 사교성에서 출발한다. 사교적인 구성요소로 우호성, 진실성, 우아함 등의 관계덕목이 있고 그 속에는 편파성이나 애정도 포함되어 있다.

덕을 갖춘 사람만이 완전한 인격적 우정을 누릴 수 있는가? 그렇지 않다. 프리드먼은 우정의 영역을 완전한 우정을 포함한 여러 가지 현상을 포함하는 것으로 넓힐 것을 제안한다. "우정은 단순한 기본적인 욕구 충족만이 아닌 타인과 삶을 공유하며 우리 자신의 최고를 실현하는 더 깊은 갈망을 충족시키는 것"으로 주장한다.

글을 마치며

AI 시대를 살며 우리는 기술보다도 인간의 사고가 더 중요하다는 사실을 실감한다. 타인이 생각하는 것과 사물을 보는 익숙한 방식들을 우리는 의심하여야 한다. 그리고 나의 주체적이고 독창적인 사고를 발전시키며 살아야 한다.

또한 이성적이 아닌 감성적으로 시인(詩人) 같은 마음으로 인생을 살아야 행복에 가까이 다가갈 수 있다. 죽음에 대한 접근도 마찬가지다. 기존의 접근방식으로 보면 죽음은 슬프고 우울한 것이다. 그리고 슬픈 장례식만 생각나는 것이다.

어른이 빗자루를 바라보면 그것은 항상 청소도구일 뿐이다. 그러나 맑은 아이들의 눈에는 그것은 재미난 놀이도구로 보인다.

휴식(休)의 '휴' 자는 인간(人)이 나무(木)에 기대어 있는 모습을 의미한다. 어떤 분야에 나무에 기대어 몰입한다는 것, 그것이 휴식이다. 그리고 요즘 유행하는 수목장의 의미도 이런 관점에서 본다면 의미가 있다. 영원한 휴식을 나무와 함께하는 것이다.

죽음은 휴식이며 그것은 나무와 더불어 다시 영원히 새로운 태어남을 위한 준비가 아닐까? 우리는 인간의 '삶과 죽음', '실패와 성공'을 보여 주는 드라마틱한 순간을 삼봉(三峯)의 절명시(絕命詩)에서도 느낄 수 있다. 항상 죽음을 준비하고 사는 인간은 얼마나 되는지 가늠하기 어렵다. 술 파티하다가 죽은 10·26사태의 주인공과 조선 건국의 기초를 다진 정도전의 사례에서는 인생 허무감마저 든다.

정도전은 1398년 자신의 마지막 작품인 불씨잡변(佛氏雜辨)을 통해서, 배불숭유(排佛崇儒)의 이론적 기초를 확립하였다. 그런 정도전이 이방원의 기습을 받아 숨을 거두기 전 읊은 다음 시를 인용하며 이 글을 마친다.

自嘲

三峯 鄭道傳

操 存 省 察 加 功

마음을 닦고 행동을 돌아보는 두 일에 공들여

不 負 聖 賢 黃 卷 中

성현들이 남긴 책 속의 가르침 저버리지 않았건만

삶과 죽음에 관한 생생진담

三十年來勤苦業

삼십 년 동안 고생하며 부지런히 이룬 사업이

松亭一醉竟成空

송현방 정자에서 한 번 취한 사이에 모두 허사가 되는구나

- 죽임을 당하기 전 읊은 탄식과 자조의 絶命詩

참고 문헌

1. 안양규, 불교의 생사관과 죽음 교육, 모시는 사람들, 2015.

2. 필리프·아리에스, 죽음의 역사(이종민 역), 동문선, 1998.

3. 프리초프 카프라(구윤서, 이성범 역), 새로운 과학과 문명의 전환, 범양사, 2007.

4. 카프라, 생태학적 세계관의 기본원리-현대물리학과 동양사상, 범양사, 2002.

5. 한면희, 생명존중의 동아시아 환경윤리-대동 문화연구 37집, 2000.

6. 강영계, 죽음학 강의, 새문사, 2012.

7. 헬렌 니어링, 스콧 니어링(류시화 역), 조화로운 삶-40주기 고침판-, 2023.

8. 다비드 세르방 슈레베르(권지현 역), 안녕은 영원한 헤어짐이 아니다, 중앙북스, 2012.

9. 유 안(최영갑 역), 회남자, 풀빛, 2014.

10. 부위훈, 전병술 역, 죽음, 그 마지막 성장, 청계, 2001.

11. 하현명, 죽음 앞에서 곡한 공자와 노래한 장자, 예문서원, 1999.

12. 죽음학 강의, 강영계, 새문사, 2012.

13. 고윤석 외, 죽음학 교실 허원북스, 2022.

14. 한국싸나톨로지협회 편찬, 죽음학 교본, 가리온, 2023.

15. 정재걸, 불교와 죽음 그리고 죽음 교육(동양철학연구, 제55집), 2008.

16. 한정길, 송명 이학가들의 생사관, 동양고전 속의 삶과 죽음, 한림대학교 생사학 연구소, 2018.

17. 이이정, 죽음학 총론, 학지사, 2011.

18. 이권, 장자를 통해본 삶과 죽음의 문제, 동양고전 속의 삶과 죽음, 한림대학교 생사학연구소, 박문사, 2018.

19. 정재걸, 불교와 죽음 그리고 죽음 교육, 대구대학교, 동양철학연구 제55권, 동양 철학 연구회, 2008.

20. 이범수, 현대한국사회의 생사문화와 불교적 죽음 교육 방안, 선문화연구 제20 권, 한국불교선리연구원, 2016.

21. Charles A. Corr, Death and Dying Life and Living S. Illinois University, 2006.

22. G.A.SOMARATNE,Birth Aging and Death: Three Existential Sufferings in Early Buddhism, international jouranal of budhist thought&culture,vol.28, 2018.

23. Guoxiang Peng, Death as the ultimate concern in the neo-confucian tradition/wang yangming's follows as an example, international jouranal of

budhist thought&culture, vol.28, 2018.

24. Philip J. Ivanhoe, Death And Dying In The Analects "Mortality in Traditional Chinese Thought", State University Of New York Press. 2015.

25. 이은봉, 한국인의 죽음관, 서울대 출판부, 2000.

26. 주희(임민혁 역), 주자가례, 예문서원, 1999.

27. 나종석, 한국의 유교적 근대성 논의를 중심으로, 사회와 철학 연구회, 사회와 철학 제30집. 2015.

28. 나종석, 한국 민주공화국 헌법 이념의 탄생과 유교 전통, 대한철학회 논문집, 철학연구 제147집. 2018.

30. 민주화, 문화, 나종석, "인권에 대한 유교적 정당화의 가능성에 대한 연구, 유학이 오늘의 문제에 답을 줄 수 있는가, 혜안, 2014.

31. Kristjansson,S. Friendship And Ethics Setting The Scen Friendship From Aristotle To Contemporary Psychology.

32. Sherman.Aristotle On Friendship And The Shared Life, 1987.

33. Woodcock, S. Virtue Ethics Must Be Self-Effacing To Be Normatively Significant Journal Of Val Inquiry, 56, 2022.

34. Pettigrove, g. Is Virtue Ethics Self-Effacing? The Journal Of Ehics, 15, 2011.

35. Kristjansson, S.Virtue Ethics Must Be Self-Effacing To Be Normatively Significant,The Journal Of Value Inquiry, 56 ,2022.

36. D.Jeske, Friendship, Virtue And Impartiality.

37. A.Pismenny&B. Brogaard, Vices Of Friendship.

38. Um, S. WhatIsARelationalVrtue? Philosophical Studies, 178(1), 2021.

39. Betzler. Friendship And Family.

40. Kleinig, Family(On Loyalty And Loyalties).